大阪経済大学研究叢書第60冊

現代日本の
介護保険改革

森 詩恵 著

法律文化社

目　次

序　章　本書の課題と方法　1
　　1　問　題　設　定　1
　　2　本書の構成と内容　4

第1章　高齢者介護保障政策の萌芽とその発展　15
　　1　問題の所在　15
　　2　戦後から1950年代の老人福祉　17
　　3　老人福祉の「救貧」制度からの脱却　20
　　　　──「救貧」から「防貧」へ
　　4　在宅福祉重視の老人福祉政策と老人医療　25
　　　（1）介護・医療問題への本格的な取り組みのきざし
　　　（2）在宅サービスの展開と老人医療
　　5　む　す　び　31

第2章　高齢者介護保障政策の新展開　37
　　■介護保険構想を中心に
　　1　問題の所在　37
　　2　地域福祉と老人保健・医療　38
　　　　──1970年代後半から1980年代前半
　　3　介護保険構想の登場とその展開　44
　　4　措置制度から介護保険制度への転換の意味　48
　　5　む　す　び　55

第3章　介護保険の保険給付とその限界　65
　　■具体的な費用試算をもとに
　　1　問題の所在　65
　　2　要介護状態区分とその支給限度基準額　66
　　3　介護サービスの費用試算と自己負担額　69

　　　　（1）モデルプランの試算内容と自己負担額
　　　　（2）ケーススタディにおける費用試算と自己負担額
　　4　介護サービスにおけるナショナル・ミニマム保障の必要性　76
　　5　む　す　び　79

第4章　ソーシャルワークの視点からみた介護保険の位置づけ　89
　　　　■日常生活の維持・自立支援を視野に入れた介護サービス提供に向けて
　　1　問題の所在　89
　　2　介護サービス提供体制の認識とその位置づけ　91
　　　　（1）一般に認識されている介護保険制度の姿
　　　　（2）介護保険制度の本来の姿
　　3　ソーシャルワークの視点が欠如した介護保険制度の諸問題　94
　　4　む　す　び　99

第5章　2005年介護保険改正と高齢者介護保障政策　105
　　1　問題の所在　105
　　2　2005年改正の背景とその内容　107
　　3　2005年改正の影響とねらい　122
　　　　（1）目指された予防重視型システムの実態
　　　　（2）質的側面からみた介護サービスの問題
　　　　（3）保険者機能と市町村の果たす役割
　　　　（4）利用者のサービス選択とサービス事業者の壁
　　4　わが国における高齢者介護保障政策の方向性　129
　　　　──むすびにかえて

補論1　2005年介護保険改正後のケアマネジメントの状況とその課題　137
　　　　■大阪府内の介護支援専門員に対するアンケート調査をもとに
　　1　問題の所在　137
　　2　研　究　方　法　139
　　3　大阪府内の介護支援専門員に対するアンケート調査結果　141
　　　　（1）回答者の基礎属性

(2) 居宅介護支援事業所の状況
　　　(3) ケアプラン作成の状況
　　　(4) ケアプラン作成と利用者
　　　(5) 介護支援専門員の職務とその状況
　　　(6) 2005年改正後の状況
　4 介護保険制度におけるケアマネジメントの課題　152
　　　　――考察にかえて

補論2　男性家族介護者の介護実態とその課題　163
　1 問題の所在　163
　2 男性家族介護者に関する先行研究成果の再整理　165
　3 男性家族介護者の置かれている状況　169
　　　　――インタビュー調査から
　　　(1) 介護を担うに至った背景
　　　(2) 介護者と就業
　　　(3) 家族・地域との関係
　　　(4) 介護サービス利用に関して
　　　(5) サービス事業者や介護支援専門員との関係
　　　(6) 介護で困ったこと
　　　(7) 介護と余暇時間
　　　(8) 介護の負担感
　　　(9) 介護保険制度について
　4 男性家族介護者の介護実態とその課題　176

あとがき
初出一覧
索　引

序　章

本書の課題と方法

1　問題設定

　戦後50年を経るなかで，わが国の社会政策も徐々にその対象や課題に広がりをみせてきた[1]。ある時期までの社会政策は労働者，特に成年男性労働者に関わる問題への取り組みを中心としていたが，1970年代頃からは成年男性労働者だけでなく，高齢者，女性，障害者，外国人までをその対象とし，その範囲を拡大していくこととなる。また一方で，社会政策で対応する範囲が拡大したということには，本書でその政策展開に迫ろうとしている高齢者介護やその他には育児など，さらに広く「生活」という視点から解決を必要とする課題も登場しはじめたという意味が込められている[2]。

　例えば，高齢者介護や育児の問題は，社会経済情勢の変化等により社会全体の課題として取り組むことが求められてきたが，それらの生活問題は従来の社会政策において中心的に行われていた労働過程の分析によるだけでは解決できず，生活過程の視点からの分析を不可欠としたのである[3]。

　かくして，本書は高齢者介護保障政策を社会政策の重要な一部分として捉え，新しく導入された介護保険制度の本質を究明しようとするものである。介護保険制度の登場は，それまで高齢者介護の中心的役割を担ってきた措置制度の流れを大きく転化させ，21世紀におけるわが国の高齢者介護保障政策のひとつの出発点になるといえよう。

　しかしながら，注意すべきことは，誰しもこのような措置制度から介護保

険制度への移行を，高齢者介護保障政策上における大きな転換であると認識しているにもかかわらず，実際にはこの転換に伴い非常に大きな混乱が起きているという点である。それは，介護保険制度に対して一般に認識されている姿とその本来の姿との間に大きな「ズレ」が生じ，制度の本質が正確に捉えられていないためである。その「ズレ」についてはのちに詳論するが，いま一口でいっておけば，新しい介護サービスに対する過大な期待であり，なおかつその「ズレ」は「福祉的な」要素を強く有するものだというイメージが植えつけられすぎたため起きたといえるであろう。そしてこの問題は，制度創設過程において目指されていた「高齢者の自立支援」が本当に介護保険制度によって可能になるのかという根本的な問いにもなっている。

　では，なぜこのような制度の本質が正確に捉えられていない状況が起きてしまったのであろうか。それは，これまでの介護保険制度研究がその対象とする時期においても，その対象とする範囲においてもあまりにも狭い視点からでしか捉えられてこなかったことにあるといえよう。

　まず，研究対象時期についてであるが，これまでの高齢者介護保障における研究はある時期だけに焦点をあてたものが多い。介護保険制度導入前後の時期に関する制度内容の検討や問題点を指摘する研究においても，介護保険制度案が明確に打ち出されるようになった1990年代前半頃から，また遡ったとしても高度成長期終焉後の福祉見直し論が登場する頃からを検討しているものがよくみられる。しかし，介護保険制度はわが国において戦後から行われてきた高齢者介護保障政策の流れを受け，その結果ようやく登場したものなのである。だからこそ，介護保険制度導入は，社会福祉・社会保障政策史上の大転換といわれるのである。したがって，それまでの政策展開を十分把握していなければ，新しく導入された介護保険制度の本質を見抜くことは不可能なのである。

　かくして，介護保険制度の本質を明らかにするためには，まずそれまでの高齢者介護保障政策の経緯を戦後から一貫して探ることから始める必要があ

る。つまり，高齢者介護保障政策の登場前後から高度成長期，そして高度成長の終焉を迎えた後の福祉見直し論登場による政策の方向転換，さらに社会保険方式による介護保険法成立までの経緯を一貫して描き出すことによって，それまでの政策の流れがどのように介護保険法成立の伏線となったのか，そしてなぜ今日のような改革が起きたのかをはじめて解明することができるのである。

またもうひとつの高齢者介護に関する研究対象範囲についてであるが，高齢者介護というのであれば，福祉・医療・保健といった多面的な視点からその検討を行う必要がある。なぜなら，介護は医療や保健と密接に関連しており，介護だけを切り離して考えることができないこと，またこれまでの高齢者介護を担ってきた政策が意図的であるかどうかは別として，一見老人福祉を中心にアプローチするかの形をとりつつも，現実には老人保健・医療においてもかなりのサービス提供が行われてきたという現状からである。

以上のように，戦後から介護保険法成立までの政策展開を踏まえ，介護保険制度を老人福祉及び老人保健・医療から多面的に究明することは，高齢者介護においても，またもっと広く捉えれば社会福祉において長年常識のように述べられている「社会福祉の立ち後れ」という通説についても，改めてその事実認識を捉え直せるのではないだろうか。高度成長期前後には年金や医療と同様に，介護や老人医療など高齢者の生活問題に対応するための政策はすでに登場している。そして，経済成長を背景として年金や医療と同じく，高齢者福祉だけでなく社会福祉制度全般も拡充されていくのである。にもかかわらず，社会福祉の「立ち後れ」「貧弱さ」のイメージはどうしてぬぐうことができなかったのであろうか。社会福祉制度は，その制度の創設時期が異なるにしても，他の年金や医療に比べて本当に「立ち後れ」てきたのであろうか。それとも，たとえ社会福祉制度が充実したとしても，この「立ち後れ」「貧弱」のイメージは消え去ることはなかったのであろうか。介護保険制度は，「立ち後れ」ている社会福祉が新しい段階へと進む入り口としての

期待を背負っている。これがどこまで真実を語りえているかについても，高齢者介護保障政策の展開過程を丹念に探ることによって，描き出されるものが大いにあるはずである。

2　本書の構成と内容

それでは，本書の構成と内容に立ち入っておこう。まず，第1章では高度成長期を中心にわが国が戦後から行ってきた高齢者介護保障政策の変遷を探ることにする。高度成長期をその対象の中心として捉えたのは，この時期に高齢者介護対策の必要性が認識されはじめ，その後の制度基盤が整備されるきっかけをつくった時期だからである。

それ以前，1950年代頃までのわが国は福祉三法制定の時期にあたり，高齢者介護に関する独自のサービスはまだみられなかった。当時，高齢者問題はそのほとんどが家族や地域で扱われていたが，公的に対応できる制度といえば，唯一生活保護制度が存在するだけであった。その後，高度成長期には国民皆保険・皆年金が達成され，老人福祉をはじめとする社会福祉全般においても，その基本的方向や基盤となる体制づくりが行われた。また，経済成長を背景に福祉に関するニーズも拡大・多様化していき，社会福祉分野においてもそれまでの救貧的な対策から防貧的な対策へと転換していくことになる。高齢者についてみると，従来の貧困を中心とした問題だけでなく，貧困以外の問題も登場し，従来の対策では対応することが難しくなってきた[4]。そのため，高齢者に関係する福祉サービスも登場し，1963年には老人福祉法が制定されることになる[5]。さらに，高度成長末期の1973年には老人医療費支給制度が開始され，それまでいくつかの市町村で先行的に行われていた高齢者の医療費問題への取り組みが全国的に展開されることになる。

上述したように，1960年代には高齢者をとりまく問題への対応の仕方として，貧困については生活保護法によって，高齢者介護や生きがいなどについ

ては老人福祉法による体制が，不十分ながらも整備されるのである。また，広く社会福祉全体をみても，社会福祉が「救貧制度から防貧制度へ」と離脱していく過程の時期ともいえる。つまり，高度成長期を通して，高齢者福祉の対象も「要保護層」から「低所得階層」「一般所得階層」へと広がりをみせることになり，それは高齢者をとりまく問題も多様化していったことを示すものでもある。つまり，社会や生活の急激な変化により，高齢者の生活に関する問題が新しく発生するとともに，それまで十分な形で浮かびあがっていなかった問題も顕在化することになったのである。

　このように，戦後から高度成長期までを通して高齢者介護保障政策の経緯を追うことは，現在に続く一連の政策の原点を把握することになり，現在の介護保険制度登場の背景を明確に捉えるためにも不可欠なことである。

　次の第2章では，まず高度成長期末から介護保険法成立までの時期において高齢者介護保障政策が老人福祉及び老人保健・医療のそれぞれにおいてどのように展開し，最終的にどのような形で介護保険法へと収斂するのかについて検証する。いいかえれば，高度成長期を終え，その後登場した福祉見直し論において社会福祉の柱として位置づけられた「地域福祉」と，一方で老人医療費支給制度から老人保健法へと続く老人保健・医療の二つの流れがどのように合流し，介護保険法成立へとつながっていくのかを明らかにするということである。

　第1章で述べるように，高度成長期末頃には高齢者をとりまく生活問題に対応する政策の基盤は一応出そろったといえる。しかし，1970年に高齢化率が7％を超え，その後の急速な高齢化と相まって進行した少子化や医療技術の進歩などの社会状況の変化によって，それまでの制度や体制では対応できないほど高齢者介護はその問題が尖鋭化することになる。また，経済の低成長期への移行により経済状況も激しく変化し，それまでの公費を中心とした老人福祉や老人医療の運営に対しても，財政上の問題が浮上しはじめていく。

　このような高齢者数の増加，高齢者をとりまく環境の変化，そしてそれま

での制度・体制の行き詰まり等が浮き彫りとなり，高齢者介護保障政策においてもなんらかの改革を行うことが求められることになる。そのため，1980年代には「地域福祉」をその基盤に据えた福祉見直し論による改革が進行していくことになり，「日本型福祉社会」「活力ある福祉社会」の創設を謳い文句に，財政的には公費削減を目指す方向での福祉改革が進みはじめていくのである。一方，老人医療費支給制度においても，本来の対象ではない関連領域の「介護」までをその制度で扱うことが生じ，その結果，老人医療費の増大を招いてしまった。そのため，1982年には老人保健法が制定され，老人医療費の抑制を試みるが思うようにいかず，その後も老人医療費は増大の一途をたどっていく。

　このように，福祉見直し論のもと，主に家族などのインフォーマルな部分と高度成長期前後からの制度においてなんとか維持してきた高齢者介護も，その限界が近づくにつれて社会的な問題として意識されるようになり，「介護の社会化」を要望する声が高まってくるようになった。1990年代前後にはそれまで高齢者介護の中心的役割を担ってきた措置制度から新しいシステムへ転換しようとする動きが本格的に打ち出され，具体的な検討が行われていく。そして，1997年には社会保障構造改革の第一歩として位置づけられる介護保険法が成立するのは周知のとおりである。

　このような過程の流れを受けて創設された介護保険制度は，それまでの措置制度とは大きく異なり，その転換はわが国の社会福祉・社会保障政策史上でも非常に重要なものといえるであろう。そのため，それまで高齢者介護の中心的役割を担ってきた措置制度から介護保険制度へ移行することで，高齢者介護保障政策が原理的な面でどのように変化したのかを検討しておかなければならない。その際，介護保険制度に導入された新しい二つの仕組み，一つは財政的問題解決のため導入された社会保険方式[6]，もう一つは利用者本位のサービス体制確立のために取り入れられた契約方式，に焦点をあてながら検証したい。制度創設過程における議論では，措置制度の問題点と介護保

険制度の利点があまりにも対照的に論じられ，介護保険制度の内容の検討が正確に行われていたとは言い難い。以下で，措置制度と介護保険制度を比較する際に，介護保険制度の特徴である社会保険方式と契約方式の二つを区別するよう意識しているのも，混乱している議論から抜け出して制度内容を正しく位置づけようとするためである。

つづく第3章においては，措置制度に代わる新しいシステムとして導入された介護保険制度によって，本当に介護サービスのナショナル・ミニマム的な保障が行われるのかという点を，保険給付の支給限度基準額を中心に検討することを目的としている。第2章では，措置制度と介護保険制度の原理的な面においての比較検討を行ったが，ここでは制度導入前後における介護サービス利用について，費用面からの検討を具体的に行っている。

介護保険制度では，利用者がサービスを利用する場合にまず要介護認定を受け，その利用者がどの程度の要介護状態であるかを示す要介護度を決定する。それは，その要介護度に応じて利用できる保険給付に支給限度基準額が設けられているからである。つまり，介護保険制度は，要介護度に応じて決められている支給限度基準額内のサービス利用であれば利用者負担は1割で済むが，その基準額を超えてサービスを利用した場合，超えた分の費用は全額自己負担となる仕組みなのである。そのため，利用者のサービス利用は，要介護状態の区分設定や自らがどの要介護度に認定されるかも非常に重要であり，さらに要介護度に応じて設定される支給限度基準額，サービスに対して設定される介護報酬にも大きく影響されるのである[7]。

そこで，どの程度介護サービスが利用できれば日常生活を維持できるのか，そして介護保険制度から提供される保険給付内でどの程度カバーされるのかを具体的に検証し，介護保険制度で提供される介護サービスの実態とは一体どのようなものかを明らかにしたい。手法としては，各要介護度に応じた理想的なモデルプランや実際に措置制度のもとで利用していた介護サービスに関する費用計算を行い，実際の保険給付の支給限度基準額との差額を試算す

る。このことによって，提供される介護サービスの実態だけなく，あまりにも不透明な要介護状態の内容や介護報酬，さらには介護保険制度全体についても，よりはっきりとその輪郭が浮き彫りになるはずである。

　そして第4章においては，前章までで行った介護保険法成立に至るまでの政策展開の検証，そしてケーススタディ等を用いた実態把握のうえに，本書の目的である介護保険制度の本質を追究している。ここで確認しておくべきことは，新しく創設される介護保険制度は，これまでの措置制度の問題を乗り越え，社会福祉の新たな段階への第一歩として位置づけられていることである。具体的に述べれば，利用者本位のサービス利用体系へと転換し，これまでよりも「高齢者の自立支援」が行いやすくなることが介護保険制度の目指すところであるといえる。つまり，それはソーシャルワークの実践が行いやすくなる制度と言い換えられよう。

　そのため本章では，介護保険制度が本来社会福祉分野で目指されてきたソーシャルワークの視点を活かし，「高齢者の自立支援」を行うことが可能な仕組みなのかという点を検証したい。それは，ソーシャルワークの視点からの介護サービス提供が介護保険制度の本質であると考え，その制度を創設・維持することこそ今後のわが国が必要としている高齢者介護保障政策であるといえるからである。そして，その焦点となるソーシャルワークの実践を「日常生活の個人差」「エンパワメント」「潜在的ニーズの発掘と予防」という三つの視点から捉えようとしている。これは，利用者にとって必要なサービスとは，単なる介護サービスではなく，利用者の抱えている問題を専門的な見地から見つけだし，サービス利用においては利用者の個々の状況を考慮し，その利用者がもつ能力を最大限に引き出しながら生活全体を支援するということが，本来の意味での高齢者の自立支援であり，介護保険制度から提供されるべき介護サービスといえるからである。

　しかし，介護保険制度は措置制度との原理的な面からの比較においても，サービス利用に関する費用面の具体的な検討においても，制度設計の過程で

大きな混乱が生じてしまった。そのため，介護保険制度は一般に認識されている姿と本来の姿との間で「ズレ」が生じ，またその「ズレ」が生じていることさえも十分に認識されないままとなっている。そこで，この介護保険制度において一般に認識されている姿と本来の姿との間でどのような「ズレ」が生じているのかを明確にしたうえで，改めて介護保険制度の本質に迫ることが必要なのである。

最後に第5章においては，前章において究明された介護保険制度の本質を踏まえて，制度導入後初の大改正となる2005年改正によって介護保険制度がどのように変容したのか，その改正のねらいについて検証する。介護保険制度導入において，この制度は「小さく産んで大きく育てる」「走りながら考える」といわれたように，制度導入当初から被保険者・受給者の範囲など積み残された課題が多くあった。また，制度導入後のサービス利用者増大による介護保険財政の悪化やサービスの質の向上といった問題は，当初から予測できたとはいえ明確になって現れてきた。介護保険法附則第2条においても，法施行後5年を目途として制度全般に関する検討を加えることはすでに決定されていたのである。

このような背景のもとで行われた2005年改正では，「制度の持続可能性」が見直しのひとつの視点として掲げられ，それは給付の効率化・重点化に結びつくこととなる。その背景には，先にも述べたように介護保険財政の悪化による財源調達問題が避けられなくなったことがあげられよう。しかし，財源調達は当然その制度維持にとって非常に重要なポイントではあるが，結局は利用者にとって不利益となるような，また高齢者の自立支援を行うことが難しい制度を維持し続けてもまったく意味がない。そのため，まずこの改正の背景を探りながら，改正内容を丹念に吟味することによって，改正後の介護保険制度がどのように変容したのかを明らかにすることが重要である。

また，前章でも述べたように，介護保険制度は一般に認識されている姿と本来の姿の間で「ズレ」が生じ，利用者だけでなくサービス事業者もその「ズ

レ」の認識は非常に低い。そのため，この「ズレ」によって，利用者やサービス提供者はサービス利用において非常に大きな課題を抱えている。例えば，利用者のサービス選択を専門的に支援するために導入されたケアマネジメント技術も，制度上の問題から機能不全に陥っているといったことなどである。導入時点からの根本的問題を解決しないまま今後も改正を続けていけばますます制度の混乱が生じ，結果的にサービスを利用する利用者，サービスを提供する事業者，制度を運営する保険者にそのしわ寄せがいくのである。わが国の高齢者介護保障政策の中心となりつつある介護保険制度が，少しでも利用者にとってよりよい制度へと発展するためには，その問題を引き起こしている根本原因はなんなのかを理解し，その解決を図ったうえで制度の再構築することが必要である。しかし，2005年改正はこの「ズレ」を修正しないままさらに介護保険制度で取り扱う対象者や提供するサービスの範囲を拡大したため，介護保険制度だけでなく高齢者福祉全体において混乱が生じる結果となってしまった。そのため，この改正の真のねらいは何だったのかを明確にすることが介護保険制度における今後の方向性を把握するためには重要であり，それはわが国の高齢者介護保障政策がどのような方向へと向かおうとしているのかについても，その手がかりをつかむきっかけになるといえよう。さらに，このことによって，これまで社会福祉の普遍化を目指してきたわが国の社会福祉政策が，本当にその方向へと向かっているのかについても判断するひとつの材料となるはずである。

　さて，以上で本書の本論部分である第1章〜第5章までの構成と内容について言及してきた。これらはいずれも，わが国における高齢者介護保障政策の中心的役割を担うこととなった介護保険制度の本質を究明しようとするものである。介護保険制度の本質を明確にすることは，今後の高齢者介護保障政策を考えるにさいして，また社会福祉政策を検討するためにも，必要不可欠な基礎作業ということができよう。

　なお，本書では，補論1，2を付加しておきたい。この補論は，介護保険

制度導入後の利用者やサービス提供者の状況を明確にし，また全5章では論じ尽くせなかった論点に言及している。介護保険制度は，この制度を利用し生活を営んでいる利用者が自らの望む生活を実現することが可能となり，そしてその支援を行っているサービス事業者がより高齢者の自立支援が行いやすい制度となってこそ意義のあるものなのである。つまり，たとえ制度が存在していたとしても，支援を必要としている利用者が望むサービスを利用できず，またサービス事業者が利用者にとって最もよいサービス利用となるように支援することが難しい制度では，新しく制度を創設する意味はないのである。そこで，補論では，現在介護保険制度において多くの課題を抱えている介護支援専門員と家族介護者に焦点をあて，その実状を描き出し，今後の制度にとって必要な対策は何なのかを検討したい。

　まず，補論1「2005年介護保険改正後のケアマネジメントの状況とその課題─大阪府内の介護支援専門員に対するアンケート調査をもとに」では，介護保険制度における特徴のひとつとして取り入れられたケアマネジメントとその専門職である介護支援専門員を中心に，2005年改正後の状況を明確にすることである。手法としては，大阪府内の介護支援専門員に行ったアンケート調査を分析し，その結果から課題を導き出している。

　ケアマネジメントは，介護保険制度の最も重要な柱である利用者本位のサービス利用体系を確立するにあたって，非常に大切な役割を果たす技術である。そして，そのケアマネジメントを駆使し，利用者が望むサービスを利用できるように専門的な立場から助言し，またサービスの調整を行う専門職として介護支援専門員が新設された。介護が必要となった利用者が自らの思い描く日常生活を実現できるかについては，このケアマネジメントがうまく機能しているかにかかっているといっても過言ではない。そのため，このケアマネジメント機能を提供してくれる介護支援専門員の役割や力量は非常に重要なポイントとなっているのである。

　しかし，本論でも述べたように，介護保険制度の本質が明確に認識されて

いないために，介護支援専門員自身もその職務が不明確だと感じ，自らの役割や力量に不安を感じている。そして，思うような支援が行えないため，利用者と制度との間で苦慮しているのが現状である。その現状を具体的なアンケート調査によって明確にあぶり出すことが，この論文のねらいである。

もうひとつのねらいは，介護支援専門員が所属する居宅介護支援事業所の現状把握である。介護保険制度では，サービス事業者に営利企業の参入が認められ，サービス事業者はサービスごとに決められた介護報酬で経営を行っていくこととなった。この背景には，介護保険制度に営利企業を参入させることでサービスの量が増加し，市場原理を導入することによってサービス間の競争原理が働き，サービスの質が向上するというメリットが強調された結果であった。そして，居宅介護支援事業所の経営も，介護支援専門員の行うケアマネジメントがその収入源となっており，サービス提供と経営が結びついた仕組みとなっているのである。そのため，このような仕組みのもとで，居宅介護支援事業所は本当に成り立っていくのか，また果たして介護支援専門員が利用者に必要なソーシャルワークの視点をもったサービス提供が行えるのかを，実際の調査から明らかにしたい。さらに，これらの分析から2005年改正後の利用者の生活状況についてもその変化をつかむことができると考えている。

つづく補論2「男性家族介護者の介護実態とその課題」は，これまで女性の仕事であるとされた介護が，少子高齢社会のもとで男性も参加しなければならない状況を生み出している事実を捉え，取り組んだものである。具体的には，在宅介護が比較的うまく機能している男性家族介護者に対するインタビュー調査をもとに，男性家族介護者が置かれている状況を明らかにし，その支援のあり方に関する論点整理を行っている。「介護の社会化」を謳い文句に導入された介護保険制度は，サービス利用者が増大し財政悪化が問題視されている一方で，依然としてかなりの部分を家族介護者によってカバーされているのが現状である。そして，これまで家族介護の中心的役割を担って

きた女性の社会進出や核家族化によって，また高齢者世帯や単身世帯の増加からみても，今後夫や息子といった男性家族介護者の増大は予測できよう。現在でも，介護者の約4分の1は男性が占めているという認知度は非常に低いが，事実なのである。このように，これまであまり注目されてこなかった男性家族介護者の現状を，当事者の声から描き出すことによって，今後の男性家族介護者に対する独自の支援についてだけでなく，家族介護者全体への支援として取り残されている課題や今まで見落とされてきた事実についても，改めて拾い上げることができるのである。さらには，介護保険制度から抜け落ちてしまった家族介護について改めて考え直すきっかけを与えることにもなるであろう。

1）わが国における社会政策史の展開に関しては，小川編［1977］，玉井［1992］，玉井［2002］，を参照のこと。
2）玉井［2002］は，「かつての伝統的な社会政策論では到底アプローチが不可能な出来事を正確に把握する」ため，その分析焦点を1970年代以降から今日までとし，「雇用」「社会保障」「生活」という三つの領域から社会政策的課題の本質に迫っている。本稿でもこのアプローチに依拠している。
3）玉井によれば，わが国の社会政策は「1930年代あたりから労働政策的な方向へ転化していった」とし，欧米の社会政策概念に比べるときわめて「狭く」捉えられており「わが国では極めて対照的に労働過程を中心にした形で社会政策が構成されていることが多く，生活過程と社会政策の係わりは周辺的な位置づけが与えられていたに過ぎなかった」と指摘している。玉井［2002：4］を参照のこと。
4）1950年代後半には，その当時の高齢者に対する唯一の公的支援制度であった生活保護制度における養老施設において，介護や医療の必要な高齢者の増加や，所得に問題はないが他に行く場所のない高齢者の入所希望が申請されるというような問題が起きていた。この点に関しては，キャンベル［1995：154］を参照されたい。
5）周知のように，1960年代は精神薄弱者（現：知的障害者）福祉法，母子（現：母子及び寡婦）福祉法も制定され，福祉六法体制が確立される時期である。
6）介護保険制度は社会保険方式で運営されているといっても，その保険財政の50％は導入当初より公費（国が25％，都道府県が12.5％，市町村が12.5％）が組み込まれた形で検討されていた。
7）本書の第3章は，介護保険制度導入前後の保険給付を中心とした制度分析であるため，2005年改正後ではいくつかの点で制度変更がなされている。例えば，2005年改正後は，要介護度は6段階（要支援，要介護1～5）から7段階（要支援1・2，要介護1～5）

に組み替えられ，それに応じて支給限度基準額も変更されたなどである。この点はご了承されたい。

【参考文献】
石畑良太郎・牧野富夫『社会政策』ミネルヴァ書房，1995年．
一番ケ瀬康子・高島進・高田真治・京極高宣編『戦後社会福祉の総括と二一世紀への展望Ⅰ　総括と展望』ドメス出版，1999年．
井上英夫「医療保障法・介護保障法の形成と展開」日本社会保障法学会編『講座社会保障法第4巻　医療保障法・介護保障法』法律文化社，2001年．
岡村重夫『社会福祉原論』全国社会福祉協議会，1984年．
小川喜一編『社会政策の歴史』有斐閣選書，1977年．
ジョン・C・キャンベル／三浦文夫・坂田周一監訳『日本政府と高齢化社会』中央法規出版，1995年．
窪田隼人・佐藤進編『現代社会保障法入門〔第3版〕』法律文化社，1996年．
厚生省五十年史編集委員会『厚生省五十年史（記述編）』財団法人厚生問題研究所，1988年．
佐藤進・河野正輝『介護保険法』法律文化社，1997年．
里見賢治・二木立・伊東敬文『公的介護保険に異議あり』ミネルヴァ書房，1996年．
社会政策学会編『高齢社会と社会政策』ミネルヴァ書房，1999年．
神野直彦『システム改革の政治経済学』岩波書店，1998年．
神野直彦・金子勝編『「福祉政府」への提言—社会保障の新体系を構想する—』岩波書店，1999年．
武川正吾『社会政策のなかの現代』東京大学出版会，1999年．
玉井金五『防貧の創造』啓文社，1992年．
玉井金五・大森真紀編『新版　社会政策を学ぶ人のために』世界思想社，2002年．
西村豁道・荒又重雄編『新社会政策を学ぶ』有斐閣，1989年．
堀勝洋『現代社会保障・社会福祉の基本問題』ミネルヴァ書房，1997年．
三浦文夫編著『講座社会福祉第3巻　社会福祉の政策』有斐閣，1982年．
三浦文夫『社会福祉政策研究〔増補改訂〕』全国社会福祉協議会，1985年．
三浦文夫・高橋紘士・古川孝順編『戦後社会福祉の総括と二一世紀への展望Ⅲ　政策と制度』ドメス出版，2002年．

第1章
高齢者介護保障政策の萌芽とその発展

1 問題の所在

　1955年は,「戦後経済の最良の年」といわれたように,わが国は復興の段階を終え次の新しい成長の段階,つまり高度成長の入り口に立った年といえる。そして,1955年からの神武景気をはじめとして以後20年間続いた高度成長過程は,経済がめざましい発展を遂げる一方で,高齢者の生活問題が進展し,その姿が浮き彫りにされた時期である。その背景には,戦後,第二次産業・第三次産業へと産業構造が変化するなかで,労働能力が低下または欠如した高齢者は,高度成長の恩恵をあまり受けることができなかった状況や,核家族化の進展,過疎・過密問題等からの高齢者世帯の増加,家族扶養力・意識の低下があった。そのため,高齢者の生活において貧困問題の他に生活全般にまで範囲を広げた貧困以外の問題も浮かび上がってくることになるのである。
　このように高度成長期には,高齢者の生活におけるさまざまな問題が発生・顕在化することによって,それらの問題に対応する基本的方向やその政策が打ち出されることになる。しかし,高度成長を背景として年金や医療と同様に社会福祉が拡充するにもかかわらず,その社会福祉においては「立ち後れ」「貧弱さ」のイメージをぬぐうことができなかった。高度成長期には先にも述べたように高齢者の生活全般にわたって問題が発生しそれらが浮かび上がってくる時期であり,それに対応する形で老人福祉に関する基本的方

向が打ち出された。また，この時期においてはこれからさらに進むと予測されていた人口の高齢化に対しても，わが国の基本的指針が提示された時期であり，その意味ではそれらの政策が現在の老人福祉施策の基盤を形づくっているといえるのである。にもかかわらず，高度成長期やそれを経ても，社会福祉はその水準がよくなったというインパクトが弱い。これは，なぜなのだろうか。

　そこで，本章では高齢者に対する社会福祉サービスに重点を置き，高度成長過程での政策展開を追うことによって，老人福祉がどのような動きをみせたのかを考察したい。高度成長期における老人福祉政策の展開過程が明確になることによって，老人福祉の進展状況をつかむことができる一方で，なぜ社会福祉において「立ち後れ」「貧弱」のイメージがつきまとったのか，それは本当に制度が拡充されていないからなのか，それとも拡充されつつあってもそのイメージはぬぐいきれないものなのかという問いに対して，少しでもその答えの糸口が見出せるのではないだろうか。そして，高度成長期を通して高齢者に関する社会福祉サービスがどのような形で登場し，展開していったのかを考察することは，その後の老人福祉施策の基盤になったからこそ，余計に必要不可欠となるのである。

　そこで以下では，先のテーマについて三つの時期に区分して検討することとしたい。まず，第1期は戦後から高度成長期前半（1945年～1950年代）とする。この時期は，社会福祉全般でいえば福祉三法体制が整備された時期である。このとき公的な制度において高齢者に対する独自のものは存在しないが，老人福祉サービスの萌芽がみられる時期である。第2期は，1960年代前半（1960年～1965年）である。この時期は，1962年の社会保障制度審議会勧告や1963年の老人福祉法制定により，高齢者を対象とした公的な施策の基本的指針や関連制度が登場した時期である。そして第3期は，1960年代後半（1966年）から1973年までである。この時期は，高齢者問題に対する報告書もいくつか提出されはじめ，高齢者に対する社会福祉政策が拡充しかける一方で医療費

問題の改善も図られる時期である。

2　戦後から1950年代の老人福祉

　敗戦後のわが国は，社会的経済的な混乱のなかで日本経済の建て直しと社会福祉制度の基本的枠組みの整備が進められた。1950年代までの社会福祉の分野は，いわゆる福祉三法体制が確立された時期である。具体的には，国民の大部分が極限的な生活困窮の状態にあるなか，国民生活の安定を図る目的として旧生活保護法（1946年，1950年に新生活保護法へ）が制定され，その後，児童福祉法（1947年），身体障害者福祉法（1949年）が相次いで制定された。またその他にも，社会福祉事業の運営等に関して共通事項を定めた社会福祉事業法（1951年）も制定された。全体的に社会福祉政策をみても，1950年代までの特徴は，「いずれも戦後処理対策の一環としての性格が強く，福祉三法が制定されたといっても，実質的には，貧困者対策一般として生活保護に収斂されていたといえる」[1]が，現在に続く社会福祉制度の枠組みの基礎を作り上げた時期であるということができる。

　敗戦から10年もたつと，1956（昭和31）年版『経済白書』の「もはや戦後ではない」というフレーズからもわかるように，わが国は復興の段階を終え，高度成長期の幕開けとなる。高度成長のスタート地点ともいえる1955年のわが国は，経済指標が戦前の水準を超え，工業生産も戦前の2倍に達した。また，国民の平均寿命は，男性64歳，女性68歳と人生60年が定着していたが，次第に平均寿命の伸長や少子化が進みつつあった。そうした折り，1956年版『厚生白書』は，「人口の動きの型が，少産少死型に急激に転換したことの結果として，人口の急速な老令化，すなわち総人口における老令人口の占める比率の急速な増大という現象が生まれつつある」として，人口問題として「人口の高齢化」を指摘している。さらに，同『白書』は「この人口の老令化という現象は，欧米先進諸国においても，社会的・経済的な影響の大きい深刻

な問題とされているものである」とし，社会問題として高齢化の急速な進展による社会への影響を危惧している。同様なことは，1959（昭和34）年版『人口白書』においても言及がなされ，1950年代後半には人口の高齢化に対する危機意識は少なからず指摘されていた。このように，1950年代後半は経済の高度成長過程がスタートする時期であるとともに，人口の「高齢化」に対する危機意識が少しずつ芽生えはじめていた時期であることにも注目する必要がある。

そこで，1950年代後半の高齢者問題に対する政策をみてみると，高齢者問題は主に生活保護制度において，生活困窮者として救済することで対応されていた。ちなみに，1956年版『厚生白書』では，「戦後の復興から取り残された人々」として「零細農家，零細企業または低賃金労働者のように，一応標準的な稼働能力をもちながら，国民一般の所得水準の向上の歩みから経済的に取り残された者」である「低所得階層」と並んで，「母子，老令者，身体障害者などの，稼働能力にハンディキャップを負っている階層」をあげている。さらに，「低所得階層のうち約20％は，母子世帯と老令者世帯によって占められており，逆にまた母子世帯および老令者世帯は，その全体のそれぞれ約40％程度が，低所得階層または被保護階層に属している」として，特に高齢者世帯と母子世帯の貧困問題に関する対応の必要性を述べている。つまり，1950年代後半は，戦後の復興から取り残された人々（母子世帯や高齢者世帯等）への貧困からの脱出が大きな問題として横たわっていたのである。

そこで先の『厚生白書』はその終章で，母子・高齢者の福祉問題の根本的解決策として，「国民全部を対象とする年金制度を確立し，老令者や遺族などの所得保障を行うべきものである」とする意見は「一般の常識的な要望」であるとし，年金制度の国民全般への拡大のため具体的な政策展開に着手する必要性を説いている。実際，この時期には皆年金を目指して国民年金制度の創設活動が展開され，1961年に国民皆年金として結実したのである。しかし，創設された国民年金制度では一部無拠出制の老齢福祉年金の支給が開始

されることとなったが，全体的に考えると支給自体は将来の問題であり，その当時の高齢者に対する政策とは考えにくかった。その当時の高齢者問題の政策については，「まともな課題として高齢者それ自身に政府が注目することは，少なくとも国家レベルではな」[2]く，1950年代には高齢者問題を扱う必要性さえ正面から問われなかったといっても過言ではないであろう。

このように，1950年代後半の高齢者問題は政策的には主に国民年金制度の創設や生活保護制度の対応により，所得保障を中心に扱うものであった。しかし，1956年版『厚生白書』において高齢者問題が取り上げられていることからもわかるように，ようやく「高齢者」独自に注目する意識が浮上しつつあったことにも留意する必要があろう。

そして，現実にもこの高度成長の過程を通して，高齢者の生活問題は経済的に困窮している高齢者を中心としていた政策から一般の高齢者を含めた政策へと範囲を拡大していくことになるのである。それは，貧困問題中心の高齢者対策に対して，貧困以外の新しい問題が登場してくることと関係している。だとすれば，貧困以外の新しい問題という視点から，この1950年代後半の時期をみておく必要があるだろう。この点については，生活保護法における養老施設での問題からうかがうことができる。キャンベルによれば，この時期に養老施設では，疾病にかかる，体力をなくした入所者の数が増大し，職員の労働時間が長引かざるをえなくなってきた，所得が高いために入所資格はないが，他に行く所のない高齢者の入所希望が申請されるようになってきた，というような問題が起きつつあった[3]。実際にも有料老人ホームが誕生し，1959年10月現在にはその数が26カ所（収容定員約850人）まで増加するといった状況からみても，貧困以外の問題への対策が必要であることを物語っている[4]。

このように，高齢者における貧困以外の問題は高度成長期を通して高まってくるのであるが，それらに対する本格的な対策は，この時期において国家レベルでは登場していない。

3 老人福祉の「救貧」制度からの脱却——「救貧」から「防貧」へ

　1960年には政府より「国民所得倍増計画」が打ち出され，国民所得の倍増を目指して経済規模の拡大を図る政策が展開された。社会福祉の分野においても，1960年代前半は，精神薄弱者福祉法（1960年：現知的障害者福祉法），老人福祉法（1963年），母子福祉法（1964年：現母子及び寡婦福祉法）が新たに加わり，福祉六法体制が整った時期である。またそれは，社会福祉における対象の拡大が行われた時期ともいえる。さらに1960年代前半は，1961年の児童扶養手当法や1964年の特別児童扶養手当法などの制定により，社会福祉のニーズが多様化した時期でもあり，福祉六法体制への確立とあわせ，福祉サービスが拡大・多様化しつつあったといえる。

　このように，社会福祉における対象の拡大やそのニーズの多様化によって，社会福祉は救貧制度から徐々に分離していくことになる。このような動きは，従来の生活保護法の中に組み込まれて対応するのみであった知的障害者や高齢者，母子世帯が単独立法下に分離することを意味し，それはつまり「救貧的な社会福祉から防貧的な社会福祉」[5]への移行を意味するものであった。そして，社会福祉が救貧制度から分離するきっかけを明確にしたのは，1962年に社会保障制度審議会から提出された「社会保障制度の総合調整に関する基本方策についての答申および社会保障制度の推進に関する勧告」（以下，「62年勧告」とする）である。

　そこで，わが国の「社会福祉」という概念の捉え方において重要な転換点となったといえるこの勧告をみていこう。まず，この62年勧告は，その前提として社会保障の対象である国民を「貧困階層，低所得階層，一般所得階層」の三つの階層に分けている。ここで特に注意したいのは，この階層区分，つまり国民を三つの階層に区分したことこそが，戦後の復興を遂げたわが国における国民の生活状態の変化を映し出しているということである。戦後10年

の間で経済が復興していくことによって，敗戦直後の国民生活が最も苦しい状態から，国民間に所得格差が生じるような状況にまで生活水準が向上してきた状態になったことを，この勧告は捉えているのである。

　さらに，62年勧告ではこの三つの階層ごとに対応する対策を，「貧困階層＝公的扶助」「低所得階層＝社会福祉政策」「一般所得階層＝社会保険」として提示するという手法をとった。ここでいう「低所得階層」とは，「生活保護を受けるまでになっていないが，それとあまりかわらない生活しかできないボーダーライン階層」や「職業や収入が安定していないために，いつ貧困におちいるかわからない不安定所得層」を含み，これらの階層には，老齢者，身体障害者，知的障害者，母子，内職者，日雇労働者，失業者等が多いとしている。そして，低所得階層に対する「社会福祉政策」とは，「国および地方公共団体が低所得階層に対して，積極的，計画的に行う組織的な防貧政策」であるとし，この政策は「各人各様の貧困原因に応じて行うものであって，それが貧困におちいることを防止する力が直接であるという点で社会保険に優先する」と位置づけている。

　このように62年勧告では，低所得階層に対しては「社会福祉政策」を社会保険以外の有効な防貧制度として位置づけ，「貧困階層＝救貧＝公的扶助」に対する「低所得階層＝防貧＝社会福祉」という形で，社会福祉が防貧政策であることを明確に述べているのである。つまり，62年勧告は，社会福祉政策が政策理念上「救貧制度の社会福祉から防貧制度の社会福祉」[6]へと移行する起点となったといえよう。

　ところで，三浦文夫は，この62年勧告における社会福祉の捉え方について，「62年答申の社会福祉の捉え方は，救貧制度からの離脱を示しながら，社会福祉サービスの利用に当たって，依然として低所得という経済的選別要件を付するなどの，いわゆる防貧的選別主義を温存することとなった。したがって，社会福祉における救貧的，防貧的な選別主義からの克服の課題は，今日まで引き延ばされる結果を生み出している」[7]という考察を行っている。

しかし，先にもふれたように戦後の復興を遂げるまで，つまり1950年代までのわが国は，国民の大部分が貧困に苦しんでいる状態であり，救貧対策の対象者であった。しかし高度成長に突入した1960年代は，経済発展に伴い貧困から脱出した一般所得階層，または低所得階層が登場し，62年勧告においてはその当時の状況を捉えて，社会保障が新しい段階に入りつつあることを指し示したのである。現実的な制度運用面での問題はさておき，62年勧告が社会福祉政策を低所得階層が貧困階層へ転落するのを防ぐための政策，つまり防貧政策として位置づけたことは大変意味のあることである。それはつまり，62年勧告を境に，社会福祉の公的な政策における目標理念が「救貧」から「防貧」へ切り替わったといえるからである[8]。

　それを例証するかのように，高齢者の福祉サービスにおける救貧制度からの離脱を示す具体的な制度が登場した。それは軽費老人ホームである。1961年，社会局長通知「軽費老人ホームの設置及び運営について」により，一定基準以上の有料老人ホームに対しては国庫補助を行うことにした。1950年代から増大していた有料老人ホームは，高齢者の生活問題に生活困窮以外のニーズが登場し増えていったことを示している。しかし，貧困以外のニーズを抱えた低所得階層にとって，有料老人ホームは割高であり手の届くものではなかった[9]。また，当時の公的な老人福祉施策は要保護層を対象とする生活保護制度による対応のみであったため，要保護層でない高齢者は養老施設に収容できなかった。そのため，有料老人ホームには入れないが，要保護層ではなくボーダーライン層にいる高齢者や貧困以外の問題を抱えた高齢者に対応する公的施策は存在しなかったのである。このような現状を打開しようと発足した軽費老人ホームこそ，その対象も要保護層から低所得階層へ拡大しており，明らかに防貧的な施策への第一歩を示すものといえる[10]。

　また，1962年には，老人家庭奉仕員制度と老人福祉センターの新規事業が厚生省予算に計上された。家庭奉仕員制度は，すでにいくつかの都市で先行的に事業が行われていたが，それが本格的に国レベルで行われることとなっ

た。この家庭奉仕員制度は，従来高齢者問題の対応を施設中心に行ってきたこともあり，在宅でも対応しようという流れを生み出すスタート地点であったといえる。

このように，高齢者の貧困以外の問題に対応するための政策として，施設サービス・在宅サービスが徐々に登場しはじめ，それは高齢者独自の公的な制度である老人福祉法制定と結びつくこととなる。先にも述べたとおり，1950年代では高齢者に対する貧困問題の解決を中心としたが，1960年代には高齢者の貧困以外の問題を取り上げることにも注意が払われるようになった[11]。それは，老人福祉法が「これまでの養老施設に代表された貧困老人対策にかわって，総合的社会福祉サービスを目的としたもの」[12]として成立し，住宅，医療・保健対策，介護対策，生きがい対策等のサービスが規定されたことからも明らかである。そこで，老人福祉法の主要点をみてみよう。

まず，老人福祉法制定以前に，高齢者問題を一括に取り扱っていた公的な政策である生活保護法の養老施設が名称を変更し，「養護老人ホーム」として老人福祉法に規定された。その対象者は，「65歳以上の者であって，身体上若しくは精神上又は環境上の理由及び経済的理由により居宅において養護を受けることが困難なもの」とされている。養護老人ホームの対象者を確認してもわかるように，経済的理由による入所を認めているが養老施設では取り扱えなかった身体上・精神上または環境上の理由により収容を行うことができる施設と規定されたことは，救貧的な内容からその範囲が拡大したことを示すといえよう[13]。

次に，高齢者の日常生活を支えるサービス，主に介護サービス対策をみてみよう。1950年代後半には，先にも述べたとおり，高齢者問題に対応する制度としては生活保護法での養老施設を中心としていたが，この養老施設で貧困以外（体力の低下や家族内葛藤など）の問題を抱える高齢者が次第に増大してきた。そのため，老人福祉法では特別養護老人ホームが設置され，その対象者としては「65歳以上の者であつて，身体上又は精神上著しい欠陥がある

ために常時の介護を必要とし,かつ,居宅においてこれを受けることが困難なもの」と規定された。養護老人ホームと異なり,特別養護老人ホームにおいては措置要件としての個々人の身体的・精神的な状態による介護の必要性をあげ,「経済的理由」を除外した点に注目する必要がある。また,同法では日常生活の支援が必要な虚弱老人のための「無料又は低額な料金で,老人を収容し,給食その他日常生活上必要な便宜を供与することを目的とする施設」である軽費老人ホームも規定された。

以上の特別養護老人ホーム,軽費老人ホーム等は,介護や日常生活の支援が必要な高齢者のための施設サービスであるが,老人福祉法では在宅生活を送る高齢者への日常生活の支援として,老人家庭奉仕員制度が規定されたことも確認しておく必要があろう。これは「市町村は,社会福祉法人その他の団体に対して,身体上又は精神上の障害があつて日常生活を営むのに支障がある老人の家庭に老人家庭奉仕員(老人の家庭を訪問して老人の日常生活上の世話を行なう者をいう。)を派遣してその日常生活上の世話を行なわせる」という内容のものであり,すでに1962年に国がスタートさせていた事業である。このように,在宅福祉の三本柱のひとつである老人家庭奉仕員制度が規定され(対象者は要保護老人世帯と限定されていたが),老人福祉法上に在宅サービスの明確な位置づけが行われたことは,以後に展開される在宅福祉政策を考察するうえでぜひとも押さえておかなければならない点である。ちなみに,1965年には派遣対象が「要保護老人世帯」から「低所得老人世帯」へ拡大されたが,それは在宅サービスの必要性がさらに高まりつつあったことを示しているといえよう。

他方,高齢者の医療対策として老人福祉法では「健康診査」が規定された。高齢者の医療費問題は,これ以後も特にその対策の必要を求められるが,その先駆けとして無料の「健康診査」を制度化したのである。高齢期になれば,急性的な疾病はもとより,慢性的な疾病を抱えている高齢者も多く,1961年には国民皆保険が達成されているとはいえ,高度成長期の生活水準上昇から

取り残された高齢者にとって，医療費負担は大きな問題であった。もっとも，老人福祉法における健康診査は年に1回であり，またこの診査により疾病が見つかったからといってすぐに受診につながるという状況ではなかったため，高齢者の医療費問題は未解決のまま残されることとなった。

なお，すでに述べた事業以外では，老人クラブに対する援助の努力義務や老人福祉センター設立による健康の増進や教養講座やレクリエーションの提供も含まれた。

このように，老人福祉法では，貧困対策の流れをくむ養護老人ホームと，新たに施設での介護サービスを提供する特別養護老人ホーム，軽費老人ホーム，また在宅サービスとして老人家庭奉仕員制度，そして医療対策としての健康診査，レクリエーション等での利用を目的とした老人福祉センターや老人クラブへの援助，といった多様なサービスが登場することとなる。以上のように，この当時の高齢者問題には，貧困問題だけでなくそれ以外の生活問題までも出現し，高齢者をとりまく問題が生活全般にまで広がっていたことがわかるのである。

4 在宅福祉重視の老人福祉政策と老人医療

(1) 介護・医療問題への本格的な取り組みのきざし

老人福祉法の制定後，具体的な対策においてはやや足踏み状態となっていた高齢者施策であったが，1960年代後半には高齢者問題に対する対策の推進を提言する報告書が出されはじめた。その最初となるのは，国民生活審議会調査部会老人問題小委員会「深刻化するこれからの老人問題」(1968年) である。この報告書は，高齢者をとりまく問題に対する基本的方向を打ち出すという点でいくつかの重要な示唆を与えてくれている[14]。その点を確認してみよう。

まず第一に，「高齢者の捉え方の変化」である。わが国では，人口の高齢

化が諸外国よりも短期間で進行しつつあるなか，さらにそれが戦後の産業構造や社会制度，社会慣習の急激な変化の時期と重なっているため，「これからの老人問題に一種の質的変化というべき変質と変貌をもたらしつつある」とし，「老人の捉え方」に対しても変化が現れているとしている。つまり，以前の高齢者問題の中心は「弱い老人」に対して家族や社会がどのように対処していくかという点であったのに対し，今後は対象の中心が「健康で就労のよい機会さえあれば十分自立していくことのできる多数の老人」に移行しつつあるとしているのである。この対象枠組みの変化には特に注目する必要があろう。それは，「高齢者」という対象の枠組みが根底において変化しているということであり，またそれに対応した政策の変化の必要性を示しているからである。従来の貧困や身体上・精神上の問題など，主にある特定の問題を抱えた高齢者を対策の中心としていた時期から，国民年金，老人福祉法等と制度基盤が整った高度成長期後半は，さらなる制度整備を進めるにあたって，一般の高齢者における生活問題も広くその範囲として含めた政策へと転換していくことの重要性を提示しているのである。

　第二は，この時期に貧困以外の問題として，高齢者介護の問題が認識されてきたことと関係している。老人福祉法においても，特別養護老人ホームや老人家庭奉仕員制度が規定され，施設・在宅サービスが出そろいつつあったが，社会的に高齢者の介護問題が取り上げられたきっかけは，1967年の東京都社会福祉協議会，長野県社会福祉協議会の寝たきり老人調査と，1968年の全国社会福祉協議会の寝たきり実態調査であったとされる。キャンベルによれば，全国社会福祉協議会の寝たきり実態調査報告書には「新しい情報はほとんどなかった」が，「全国社会福祉協議会が大々的に推進し，すべての人が調査対象になったという事実は，この研究に通常よりも大きな影響力を与えた」[15]としている。国民生活審議会の報告書においても，その当時の社会福祉対策は，全体の需要を満たすものにはほど遠いと述べ，例として「寝たきり老人」の問題をあげてサービス不足と地域格差を認めている。そのため

に今後の対策としては，在宅福祉の重要性に着目し，施設収容対策とならんで「住宅保護対策」の必要性を述べている。これをみると，生活保護制度内での「施設サービスのみの対応」から老人福祉法制定前後での「施設・在宅サービスの両サービスでの対応」への流れが受け継がれている点に留意する必要がある。

第三として，高齢者の医療問題についてである。国民生活審議会の報告書では，「老人に対する医療費の一部負担の減免」が当面の課題として掲げられている。その当時の高齢者の医療対策は，国民健康保険を中心とした医療保険と老人福祉法における健康診査によっていたが，それでも依然として高齢者にとって医療費の負担が大きな課題として残されていたのである。

このように高度成長期後半には，貧困問題の解決はさることながら，貧困以外の問題，特に高齢者分野においては医療や介護の問題が大きく取り上げられることになるのである。介護に関わる部分では老人福祉法制定前後の施設・在宅サービスにより，医療に関わる部分では老人福祉法の健康診査によりその対策は始まっていたが，これ以後医療や介護問題に対応する政策がさらに進められていく。歴史的にみれば，救護法では「養老院」，生活保護法では「養老施設」と施設サービスを中心に対応してきたという経緯があるため，その後の老人福祉施策の基本的方向も施設サービスが中心であるように思われがちである。しかし，新しく浮かび上がってきた介護サービスの動きをみると，在宅福祉に関する理念・制度が老人福祉法前後から登場し，その重要性が次第に高まってきていたのであった。

(2) 在宅サービスの展開と老人医療

高度成長過程の後半から終わりに近づくにつれて，経済の急激な成長により，ハンディキャップ層に対する生活問題対策の遅れが浮かび上がってくることとなった。遅ればせながら，1972（昭和47）年版『経済白書』では「成長と福祉の乖離」への言及がみられるようになり，高齢者，障害者等のハン

ディキャップ層における社会福祉ニーズの顕在化が問題となってきた。

　この時期の高齢者対策に関しては，特に注目しておく点が二つある。ひとつは，「コミュニティ・ケア」という概念の下で叫ばれた「在宅サービスの充実」であり，もうひとつは「老人医療の問題」である。

　高齢者施策の整備に関してはその前面に施設サービスが押し出された形となっていたが，あまり前面に出ていない在宅サービスを浮き彫りにするきっかけとなったのが「コミュニティ・ケア」の概念の登場である。コミュニティ・ケアの登場には，イギリスの「シーボーム報告」（「地方自治体と関連する対人福祉サービスに関する委員会報告」）等の影響が強く，わが国においては，国民生活審議会調査部会コミュニティ問題小委員会「コミュニティ―生活の場における人間性の回復―」（1969年），東京都社会福祉協議会「東京都におけるコミュニティ・ケアの進展について」（1970年），そして1971年に報告された中央社会福祉審議会「コミュニティ形成と社会福祉」，とコミュニティへの関心が示される報告書が続いて提出されている。

　このコミュニティ・ケアとは，中央社会福祉審議会の報告書によれば，「社会福祉の対象を収容施設において保護するだけでなく，地域社会すなわち居宅において保護を行い，その対象者の能力により一層の維持をはかろうとするもの」とされている。一方，東京都社会福祉協議会の報告書では，「コミュニティ・ケア」という概念の解釈やその具体的な効果については十分な共通の理解に達していないとしているが，「コミュニティにおいて在宅の対象者に対し，そのコミュニティにおける社会福祉機関・施設により，社会福祉に関心をもつ地域住民の参加をえて行われる社会福祉の方法」と暫定的に定義している。

　その東京都社会福祉協議会の報告書における老人福祉分野の「コミュニティ・ケア」の位置づけをみると，「老年期の人びとを地域社会において在宅のまま生活させ，彼らに対して地域社会が必要な生活手段，サービスを提供し，老年保護，老年開発を図る方法」としている。ここでは，施設中心であ

った老人福祉サービス（ここでは「インスティテューショナル・ケア」として記述されている）を，地域社会に基盤をおいた老人福祉サービス体系へと転換すべきこと，そして地域社会で生活することを可能とするためにも，施設サービスのさらなる充実と，在宅サービスの基盤整備の必要性を説き，「居宅サービスの充実」「社会福祉施設の適正配置」を提言しているのである。つまり，それは老人福祉の方法が「インスティテューショナル・ケアのみからインスティテューショナル・ケア　プラス　コミュニティ・ケア」へと変化すべきことを示しているのである。

　このように，こうした報告書を皮切りに「コミュニティ・ケア」の下で，老人福祉サービスを推進すべきこと，つまり「在宅サービス」という以前から存在していたが見え隠れしていたものが前面に押し出される形となり，以後その流れの勢いが増していく結果になっていくといえるのである。

　かかる在宅サービスを充実させるという流れは，1970年の中央社会福祉審議会による「老人問題に関する総合的諸施策について」（答申）によって決定づけられた。この報告書は，高齢者に関する施策について，社会福祉の領域にとどまらず，年金，就労，健康，住宅等の関連諸政策についても幅広く提言を行い，今後の老人問題の基本的方向を打ち出しているものである。おそらく，その背景には1970年にわが国の高齢化率が7.1％に達し高齢化社会へ突入したことや，この高齢化のスピードが他の先進諸国では類をみない早さで今後進むことが予測されたことがあったからであろう。

　そこで，この報告書の要点をみておこう。報告書の前文では，「日本は諸外国に例をみないほどの短期間に老齢化が進み，近い将来世界一の老齢人口比率の国になると見込まれている」とし，「どこの国でも経験をしたことのないほどの短期間」に諸外国が長い年月の間に用意した老後対策を行わなければならないことの深刻さと困難さを述べている。この理由は，先の国民生活審議会調査部会老人問題小委員会「深刻化するこれからの老人問題」（1968年）でも述べられているものとほぼ同様である。そして，高度成長において，

「その急激な経済社会の変動のなかに生じる各種のひずみが問題」であると指摘し、「特に経済成長の恩恵に浴することが少なく、急激な変化に順応しにくい老人層には、その影響がことのほか大きいようである」と高齢者の生活問題に対する危惧を述べている。そして、老後対策としての年金、医療、住宅等について不十分な状況に言及しつつ、「一応昭和50年を目途として当面必要な対策をとりまとめたもの」としている。

このように、期間を限って必要な対策を打ち立てようとする報告書であるが、そのなかで介護・医療サービスの具体的な内容をみてみよう。まず、高齢者における介護サービスに関する点で最も変化しているのは、在宅サービスの取り扱いである。「居宅サービスの充実」などのキーワードは報告書で見かけるようになってきたが、この報告書では「第4章　居宅老人サービス」として独立したひとつの章を設けている。これは、見方によれば在宅サービスの重要性が幅広く認識され出してきたことを示しているともいえよう。また、報告書では、従来の老人福祉は施設サービスにそのウエイトが置かれていたことを述べたうえで、「居住対策はかなりの遅れが生じている」と在宅サービスの遅れを明確に主張している。そして、「施設対策とともに居宅処遇を原則とした老人の需要の多様性に応じたサービスのあり方」を早急に検討し、その対策を講じる必要性を述べている。

この当時の在宅サービスをみると、老人福祉法に規定された老人家庭奉仕員制度に加えて、1969年からの「寝たきり老人特殊寝台貸与事業」、それが拡大した1972年の「日常生活用具給付事業」が中心であった。こうした状況に対して、この報告書では介護人、保健婦の派遣、給食、洗濯サービス等の生活上の諸サービスを提供する対策の必要性を打ち出し、多種多様な在宅サービスの充実を求めたが、それらに対応するための施策として、早速1971年に介護人派遣事業、在宅老人機能回復訓練事業、老人電話相談センターの設置が行われた。

さて、もうひとつは老人の医療に関して（「第2章　健康と医療」）である。

この報告書と同様に以前から国民生活審議会報告書においても高齢者の医療に関してリハビリテーションや医療費問題など多面的な視点からの解決が求められており，その意味では，この時期高齢者の医療全般にスポットがあたっていたといえる。特に，この報告書が出される1年前の1969年には，東京都が老人医療費の無料化政策を打ち出していることからもわかるように，この報告書においても「現行の医療保険制度における老人の自己負担分は経済能力を失った老人には，ことのほか負担となっており，これが疾病の発見をおくらせ治療を消極的なものとしているので，老人の医療費問題について早急に対策が講ぜられなければならない」とし，特に高齢者の医療費問題の解決が求められた。その結果，老人福祉法における健康診査にかわり，老人医療費支給制度が同法で規定されることとなるのであるが，この制度によって，老人福祉と医療保険の接点ができ，高齢者は医療サービスを受けやすくなったといえるのである。これによって，老人の医療費問題は解決されたように思えたが，その後の展開をみると，老人福祉のなかで，とりわけ介護にかかわる部分が老人医療のなかに吸収されていくことになるのである。

5 むすび

これまで，高度成長過程を通して高齢者の生活問題に対する政策や制度の動向をみてきた。特に，そのなかでも高齢者の社会福祉サービスに焦点をあて，高度成長過程において，どのように基本的方向が打ち出されてきたのかという点に注目してきた。そこで，このような視角からの分析によって得られた結論を以下に整理しておこう。

第一は，社会福祉政策の防貧制度への離脱過程が始まったということである。戦後から引き続き貧困問題がその中心を占めてきた高齢者であるが，高度成長過程を通して，さらに貧困以外の新しい問題，特に医療，介護，就労等の問題が生じてきた。つまり，高齢者をとりまく生活問題の多様化が進ん

だのである。そして，1962年の「社会保障制度の総合調整に関する基本方策についての答申および社会保障制度の推進に関する勧告」での指摘は，救貧制度の中に取り込まれていた社会福祉が，経済成長とともに防貧制度としての社会福祉へと移行する起点となった。この62年勧告において，「貧困階層＝救貧＝公的扶助」，「低所得階層＝防貧＝社会福祉」として社会福祉政策を位置づけたことは，社会福祉政策史上，重要な転換点であったといえるであろう。実際，老人福祉をみても従来まで生活保護制度において要保護層を対象に対応するのみであったものから，軽費老人ホーム，老人家庭奉仕員制度に対する国庫補助が始まり，そして老人福祉法が制定されたことによって老人福祉の対象も「要保護層」から「低所得階層」「一般所得階層」の高齢者へと拡大され，さらに高齢者全般をカバーする政策へと広がりをもつことになった。

　第二は，高度成長過程において貧困問題以外の問題，主に介護問題，医療問題に対応する基本的な理念や政策が打ち出され，今日につながるサービスがこの時期にほぼ出そろったことである。老人福祉法制定以前は生活保護法による対応であったが，同法が制定されることによって施設サービス，在宅サービス，健康診査，レクリエーション等の福祉サービスも登場し，生活保護法で対応する以外の道も開かれたのであった。つまり，地域を重視し，在宅福祉へ力を入れるという現在の基本的方向やその主なサービスは，早くも高度成長の過程においてその基盤を整えていたといえる。

　さらに付随して，もうひとつ確認しておかなければならないことがある。それは老人福祉法が高齢者独自の公的な施策として登場したとはいえ，同法以前の1962年には老人家庭奉仕員制度，老人福祉センターへの予算がすでに計上されており，法制定当時から施設サービスと同様に在宅福祉の流れが登場していたことである。これは，老人福祉法の制定以前から，在宅高齢者の施策の必要性が認識されていたことを示すものといえよう。その後在宅サービスの重要性は，1960年代後半にコミュニティ・ケアの概念が登場しさらに

強調されることになるが，そのスタート地点は1960年代当初であったのである。

これらのことからもわかるように，老人福祉法が制定された時点では，もうすでに施設サービスと同様に在宅サービス（老人家庭奉仕員制度）も登場していたということである。つまり，老人福祉サービスにおいては施設福祉から在宅福祉への方向性が強調されるが，実際は介護サービスを取り上げてみても施設サービス，在宅サービスともに1960年代前半にその基礎ができ，その後次第に拡大していくという道筋をたどるということである。

第三は，老人医療の老人福祉に対する影響である。高度成長過程では，老人福祉は老人医療の問題よりも先行してその対応が進んでいたことは明らかであった。実際の施設においても「特別養護老人ホームの医療化」が問題となっている状態であったことも，その証拠のひとつである。そのため，老人福祉法制定時には，高齢者の医療問題解決に向けてのサービスとして健康診査が位置づけられた。しかし，高度成長期の後半には東京都で老人医療の無料化が実施され，1972年に老人医療費支給制度が登場する時点から急速に高齢者施策において老人医療政策が進行していくことになる。その後，医療を中心とした高齢者施策の勢いはとどまることがなく，老人医療費増大に結びつく結果となることは周知のとおりである。このように，老人福祉のひとつのサービスであった健康診査が老人医療費支給制度へと拡大することによって，老人福祉全体を医療重視の方向へ導くこととなった。それは結局，皮肉にも勢いを増しつつあった老人福祉政策にブレーキをかけるという結果につながるのである。

1）この点は，河合［1979：171］による。
2）この点は，キャンベル［1995：154］による。
3）このような養老施設での問題が当時起きつつあったことに関しては，キャンベル［1995：154］を参照されたい。また，1958（昭和33）年度『厚生白書』における「有料老人ホーム」の説明では，「被保護者のための養老施設と異って，ある程度の資力はあるが，孤独であるとかあるいは家族はあつてもこれと同居しがたい老人のための施設」

とあるように，高齢者をとりまく問題が貧困以外にも広がりつつあることがうかがえよう。
4）芹澤威夫先生米寿記念誌刊行会［1979：11］によれば，最初の有料老人ホームは婦人厚生会（会長吉岡弥生）が設立した「憩の寮」とされるが，財団法人関西情報センター［1985：160］によれば，有料老人ホームの第一号を特定するのは容易ではないと断ったえうえで，1948年兵庫県明石市に設立された日本綜合老人ホームをその第一号としている。また，1959年10月現在の有料老人ホーム数については，1959年度版『厚生白書』による。
5）この点は，三浦［1986：81］による。
6）この点は，同上［1986：81］による。
7）この点は，同上［1986：82］による。
8）橋本も，「『勧告』は，1950年『勧告』とは逆に『社会福祉』を低所得者（特に非稼働層）対策として，位置づけ，重視していこうとする背景には，高齢者世帯の相対的増加に示されるような，当時の国民生活への『対応』がそれなりに意識されていたと思われる」とし，「老齢者を不安定階層としてとらえ，低所得階層に含め，この階層に対する施策という意味で，社会福祉を低所得対策として位置づけ，『社会福祉』及び公衆衛生を重視しようとする1962年『勧告』の姿勢は，ある意味ではこのような非稼働階層への『対応』を示すものであったことは否定できないであろう」と述べている。橋本［1981：163～164］を参照されたい。
9）この点については，1957（昭和32）年度版『厚生白書』によれば「まだ数も少なく，料金も比較的高額である」，1960（昭和35）年度版『厚生白書』では「これらの多くは相当高額の経費を必要とする」と記述され，有料老人ホームの料金が「比較的」または「相当」高額であり，当時では一般の老人が広く利用できるところまで至っていないということがわかる。
10）1962（昭和37）年度版『厚生白書』における軽費老人ホームの説明をみると，「軽費老人ホームは，生活保護階層に属さないが，後述する一般の有料老人ホームに入所するだけの所得がないいわゆる低所得階層の老人」が対象であることが明確にわかる。
11）ただし，老人福祉法制定はキャンベルがいうように，一部の官僚等が打ち出したものであって，必要に迫られたからではない。この点については，キャンベル［1995：160］を参照されたい。
12）この点は，右田編［2001：316］による。
13）1961（昭和36）年度版『厚生白書』の「保護施設」では，「保護施設の種類は，前述のとおり六種類であるが，社会状勢の変化により，要望される施設の機能も変化しているので，利用者の実態により分類収容する必要がある。特に養老施設については，保護を要する老人をその精神的肉体的な老衰程度などによって分類して収容するなど老人福祉という観点からの再検討が要請されている」と記述され，このような養老施設における問題点の改善が老人福祉法制定で行われることになる。
14）キャンベルは，この国民生活審議会調査部会老人問題小委員会「深刻化するこれか

第1章　高齢者介護保障政策の萌芽とその発展

らの老人問題」（1968年）の報告書を「決して新しいものではないが，広範囲に老人問題を考察した最初の公的な報告書」であると位置づけている。キャンベル［1995：166］を参照されたい。
15）この点に関しては，キャンベル［1995：164〜165］を参照されたい。

【参考文献】

猪木武徳『日本の近代7　経済成長の果実』中央公論新社，2000年。
右田紀久恵編『社会福祉の歴史―政策と連動の展開―』有斐閣，2001年。
小川喜一編『老齢保障』至誠堂，1972年。
角田豊・奈倉道隆編『高齢化社会と社会保障』法律文化社，1978年。
河合幸尾「Ⅳ　貧困・生活不安に対する社会保障　4　福祉サービスと生活不安」小倉襄二・真田是編『貧困・生活不安と社会保障』法律文化社，1979年。
北場勉『戦後社会保障の形成―社会福祉基礎構造の成立をめぐって―』中央法規出版，2000年。
ジョン・C・キャンベル／三浦文夫・坂田周一監訳『日本政府と高齢化社会』中央法規出版，1995年。
厚生省五十年史編集委員会『厚生省五十年史（記述篇）』財団法人厚生問題研究所，1988年。
―――『厚生省五十年史（資料篇）』財団法人厚生問題研究所，1988年。
孝橋正一編『老後・老人問題』ミネルヴァ書房，1977年。
財団法人関西情報センター「福祉の産業化と相互扶助システムの研究」（NRS-83-18　総合研究開発機構助成研究）1985年。
芹澤威夫先生米寿記念誌刊行会『老人福祉事業の回顧と展望』財団法人老人生活研究所，1979年。
橋本宏子『老齢者保障の研究―政策展開と法的視角―』総合労働研究所，1981年。
―――「老人福祉法の成立とその意義」福島正夫編『家族　政策と法3　戦後日本家族の動向』東京大学出版会，1984年。
花村春樹・田代国次郎編『社会福祉研究の課題』ミネルヴァ書房，1973年。
三浦文夫「1960年代の社会福祉」『季刊社会保障研究』第5巻第4号，国立社会保障問題研究所，1970年。
―――「コミュニティ・ケアと社会福祉」『季刊社会保障研究』第7巻第2号，国立社会保障問題研究所，1971年。
―――『社会福祉政策研究〔増補改訂〕』全国社会福祉協議会，1985年。
―――「社会福祉政策研究の回顧と課題」社会保障研究所編『社会保障研究の課題』東京大学出版会，1986年。

三浦文夫編者『講座社会福祉第3巻　社会福祉の政策』有斐閣，1982年。
森幹郎「養老事業から老人福祉事業へ」『老人福祉』31巻，老人福祉施設協議会，1963年。
――――「ホームヘルプサービス―歴史・現状・展望―」『季刊社会保障研究』第8巻第2号，国立社会保障問題研究所，1972年。
吉田久一編著『戦後社会福祉の展開』ドメス出版，1976年。

第2章

高齢者介護保障政策の新展開
介護保険構想を中心に

1 問題の所在

　わが国は1973年に「福祉元年」が提唱されてすぐ，その秋のオイル・ショックにより1955年から続いた高度成長に終わりを告げ，経済の低成長期に突入することとなった。高度成長の後半期には経済成長によって生み出されたひずみが浮き彫りになり，その結果1970年代後半から80年代半ばにかけて老人福祉及び老人保健・医療分野では大きな変化が訪れる。それは高度成長のもとで主に公費によって拡大しつつあった社会福祉政策の方向転換ともいえる。高齢者介護対策に関して具体的に述べれば，老人福祉においては福祉見直し論の登場，一方の老人保健・医療においては老人医療費支給制度から老人保健法制定へと展開していく過程である。そして1980年代後半からは，さらに高齢者をとりまく社会経済状況の変化に対応するため，老人福祉・保健・医療の制度が次の新しい仕組みである介護保険制度へとその流れを合流させることになる。

　その介護保険制度は2000年から導入されたが，これは今後の社会保障構造改革の第一歩として位置づけられるほど，わが国の社会保障・社会福祉の歴史のなかでひとつの大転換を表す制度である。しかし，その介護保険制度がそれまでの老人福祉及び老人保健・医療政策の流れをどのように受けて登場してきたのかについては，さほど検討されていない。そこで本章では，対象とする期間を1973年以降から介護保険法成立までとし，以下の三つの視点か

ら，介護保険構想の登場を中心にその形成過程を追うことによって，介護保険法成立までの社会福祉・社会保障政策の展開に迫ってみたい。

まず第一は1973年から1980年代半ばまでを対象とし，老人福祉及び老人保健・医療の施策展開がどのような形で進むのか，その過程を明らかにすることである。というのも，介護保険構想の登場とその仕組みをみると，それ以前の老人福祉及び老人保健・医療の制度の変遷が大きく影響を与えているからである。そのためにまず，老人福祉と老人保健・医療の二つの側面からそれらの関わりを明らかにし，どのような形で実質的に介護保障の重点が老人福祉から老人保健・医療までその土台を広げることになるのかを明らかにしたい。

第二としては，1980年代後半から1990年代に焦点をあて，介護保険構想がどのような背景や理由で登場したのかを確認し，介護保険構想の本格的な登場は果たしていつなのかを明確にしたい。というのも，介護保険構想登場の背景や原因について，特にいつの時期から社会保険方式で新しいシステムを構築しようとしたのかを知ることが，介護保険の本来の姿を理解するために重要だからであり，しかも高齢者介護保障政策における老人福祉・保健・医療のすべてに関わる大きな転換点と位置づけられるからである。

そして第三には，措置制度から介護保険制度へ移行することによって特に介護サービスの利用に関してその仕組みが大きく変化することになるが，介護保険制度導入後の介護サービスの姿を知るためにも，再度措置制度から介護保険制度への転換について検証し，この転換によって高齢者介護保障政策がどのような方向性を打ち出したのかを探ってみたい。

2 地域福祉と老人保健・医療——1970年代後半から1980年代前半

1970年代後半から，わが国の社会保障は高度成長期に浮き彫りにされた問題への対応を求められたが，今までのような潤沢な財源を見込める状況では

なくなりつつあった。経済状況が高度成長から低成長へと移行する一方で，1970年には高齢化率が7％を超え，高度成長期後半にはすでに今後の高齢化社会に対する対策の必要性が少しずつ明確になりつつあったことは前章で述べたとおりである。

そこで本節では，まず高度成長期終わりから本格化する老人福祉及び老人保健・医療施策について，そのキーポイントとなる「地域福祉」と「老人保健・医療」という二つの側面から迫ってみたい。先に結論を述べれば，高齢化社会へ突入したわが国の政策展開としては，まず1970年代前後に注目され政策に導入されつつあった「地域福祉」という概念が福祉見直し論を推進するための戦略として社会福祉改革の中心に位置づけられることになる。しかし，その改革は老人福祉に関係する公費費用の縮減を行おうとしたもので，そのときに「地域福祉」という概念は本来の趣旨からはずれて利用されてしまうことになる。

一方で，1973年に導入された老人医療費支給制度は，老人福祉サービスの整備が不十分であるためその肩代わりとして自らの範囲以上の役割を担うことになってしまった。その結果，増大した老人医療費に抑制をかけようと老人保健法が制定される。そしてこの時期における両者の政策が相互に絡み合って展開し，結果として高齢者介護対策が実質的にも政策的にも老人福祉から老人保健・医療までへと広がっていくという結末に至るのである。

以上の点について，従来から高齢者介護を担ってきた老人福祉分野から詳しく検討してみよう。1975年の社会保障長期計画懇談会「今後の社会保障のあり方について」によれば，今後の社会保障改革は「人口の老齢化，家族機能の変化，国民の生活水準の向上等に伴う社会福祉需要の増大と多様化，高度化に対するためには，今後は在宅福祉サービスの充実等，地域福祉を中心とする観点から見直しを図り，福祉施策全体のバランスと体系化を図っていく必要がある」とし，「地域福祉」を中心とする福祉施策の見直しを提言している。

では，この「地域福祉」という概念はいつ頃から導入されるようになったのであろうか。地域福祉研究が本格的に行われるのは1970年代に入ってからである[1]。「地域福祉」による社会福祉再編成の必要性が求められた背景には，経済・家族・社会構造の変化により，従来の地域社会・家族機能の低下，生活環境の悪化などさまざまな要因をあげることができ，それらの多くは経済成長によって生み出されたものが多い[2]。そのため，前章においても述べたが，1969年には国民生活審議会調査部会コミュニティ問題小委員会の「コミュニティ―生活の場における人間性の回復―」，1970年には東京都社会福祉協議会の「東京都におけるコミュニティ・ケアの進展について」，1971年には中央社会福祉審議会の「コミュニティ形成と社会福祉」など，コミュニティへと関心が向けられた報告書が相次いで出されている。さらに，地域福祉が政策課題に取り上げられたこと自体，「地域福祉」という概念が一般的に広がっていく大きな契機になったともいえるのである[3]。このように社会福祉分野の新たな政策の柱として，先の社会保障長期計画懇談会報告書でも述べているように「地域福祉」という概念・目標が注目されることになるが，この「地域福祉」はその後の福祉見直し論とその改革の中で言葉は同じでもその中身が異なる形で展開されるのである。

　ところで，福祉見直し論を考える場合，二つの側面から検討する必要がある[4]。ひとつは，財政的側面からの福祉見直し論というべきもので，もうひとつは社会福祉再編の側面からの福祉見直し論といえるものである。国が積極的に進めた福祉見直し論は，「バラマキ福祉」の言葉からもわかるように福祉政策の行き過ぎを批判し，財政圧迫の原因を福祉へ求め，その抑制を図ろうとするものである。そしてこの財政的側面からの福祉見直し論における地域福祉は，「公的福祉の抑制と相互扶助の高揚という構図からなるもの」として導入されることになる[5]。そしてこのような家族や地域の相互扶助を前提とし公費削減を目指す「地域福祉」は，今後のわが国の社会福祉政策の重要な柱として位置づけられ，日本型福祉社会を築くため「安上がりな福祉」

を実行する手段として利用されていくのである。そして，この流れが臨調へと受け継がれ，わが国は1983年に臨時行政調査会から出された「行政改革に関する第五次答申（最終答申）」に述べられているような，自立・自助を原則とする国民の活力と創意を基礎にしてこそ存立し得るものである「活力ある福祉社会」への建設を目指すことになるのである。

　一方で，研究者や国民が求めた社会福祉再編の側面からの福祉見直し論は，高度成長期に生み出された問題を解決し，時代や環境の変化に応じて「地域福祉」を柱とした福祉改革を行うというものである。それは，財政の合理化だけでなく，これからの社会福祉のあり方をどのようにするのか検討するという観点に立ったものといえる[6]。高田によれば，これからの社会福祉のあり方には「参加型分権を基礎にしながら地域住民が主体的に形成し計画していく」地域福祉が重要であるとしている[7]。

　このように，この時期の社会福祉政策は財政面の再編だけでなく，高度成長後の社会や生活の変貌に対応した「地域福祉」を基盤とする再編を必要としていたが，福祉見直し論のなかで「日本型福祉社会」「活力ある福祉社会」のような目標が掲げられたとき，地域福祉は本来必要とされた地域福祉としてではなく，社会福祉の費用抑制の手段として活用される結果となるのである[8]。

　さて，その後をみると，老人福祉における今後の介護対策の方向性としては，中央社会福祉審議会「当面の在宅老人福祉対策のあり方について（意見具申）」（1981年）において，今後の方向として介護が必要になっても「現在の住み慣れた地域の中で生活を維持することを希望する老人の福祉ニーズを勘案し」積極的な在宅福祉対策の確立を目指すが，「在宅福祉サービスの推進にあたっては単に行政に全面的に依存することを前提とした福祉システムを地域社会に樹立することを目的とするだけでなく，まず，当該老人及び家族による自主的な努力を前提に，地域の住民やボランティア及び民間福祉団体等による自主的な支援活動が組み込まれた福祉供給システム」を形成する

ことが望ましいとしている。そして，1985年の社会保障制度審議会「老人福祉の在り方について（建議）」では，老人の福祉ニーズに応えるには民間企業や公的部門では限界があり，「インフォーマル部門の活動が活発な社会が老人にとっても住みよい社会といえるであろう」とし，「公的部門は，インフォーマル部門の活性化を促しつつ，それでは対応できないものなど，特に政策的に公的部門で対応しなければならないものを担当するようにすべき」としている。また，「今後における行財政改革の基本方向」（1986年：臨時行政改革推進審議会）でも，「個人の自立・自助，社会の互助・連帯を重視し，公的部門による福祉サービスは基礎的なものを主体とするとともに，その他の多様なサービスについては民間の多様な有償サービスやボランティア活動等民間活力の活用を推進すること」と述べられている。

　このように，今後は「現在の住み慣れた地域の中で生活を維持する」ために地域福祉を推進することが重要であるとの認識が明確になされている。しかし，その地域福祉の担い手が家族や地域住民・ボランティアなどのインフォーマル部門が中心であるとする福祉見直し論から導き出された社会福祉政策の方向性は，明らかに研究者や国民が求めた社会福祉改革のもとでの「地域福祉」とは異なってしまうものであったといえよう。

　そこで，もうひとつの鍵を握る「老人保健・医療」の視点からこの時代の動きを追ってみよう。老人医療費支給制度も導入後すぐ問題視されるようになり，1970年代中頃には先の社会保障長期計画懇談会報告書においても老人医療の見直しが叫ばれはじめていた[9]。老人医療費支給制度は，「福祉における十分な根拠のない行きすぎの最大のシンボル」[10]とされ，特に問題となったのは老人医療費を押し上げているとされる「社会的入院」であった。「社会的入院」とは，病院等での医療機関で治療を行う必要性が低いにもかかわらず，在宅で介護を利用しながら生活を営むのが難しい，または福祉施設への入所が困難などの理由により，病院等に高齢者が入院している状態のことである[11]。このような老人福祉における在宅・施設サービスの不足による高

齢者介護の現状から社会的入院が起こり，老人医療費が増大するという問題が浮上したのである。

　ここで確認しておかなければならないことは，高齢者への対策は「特別養護老人ホームの医療化」という表現からもわかるように，老人医療費支給制度以前は老人医療よりも老人福祉の方が先行しており，どちらかといえば医療面が立ち後れていたということである。老人の健康に関しては，老人福祉法で健康診査が行われている程度であった。しかし，このような高齢者対策の状況は，老人医療費支給制度の登場によって，高齢者を医療サービスにアクセスしやすくさせただけでなく，さらに本来なら介護など老人福祉で提供される部分まで老人医療において扱うことになっていくのである。そして，その結果老人医療費の中でも本来の目的とは違う介護等にかかる費用によって，老人医療費の増大を招くことになるのである。

　その後，1977年には老人保健医療問題懇談会「今後の老人保健医療対策のあり方について」において，現在の老人保健医療対策の問題点（医療費保障への偏重，保健サービスの一貫性の欠如，老人医療費負担の不均衡）の検討が始まり，今後の方向として総合的老人保健医療対策として老人医療費支給制度に代替する制度の構築を示唆している。具体的には今後の老人保健医療対策は，老人保健サービスと老人医療費の保障を行い，その財源としては「国民各階層が公平に負担する方法」[12]とし，実施主体は市町村が行うべきとしている。そして議論が重ねられた結果，1982年には老人保健法が成立し[13]，10年間続いた老人医療費支給制度は廃止されることとなった。それは，今後急速に高齢化が進むと予測されているわが国において，高齢者に必要とされる対策の重要性とその費用について，再度検討が必要となったことを意味しているのである。老人保健法はその後さらに改正を重ね「特例許可外老人病院」の制度化，「老人保健施設」の創設，「定額支払方式」の導入が行われていく。

　このように，1970年代後半から1980年代前半までは，老人福祉では福祉見直し論による公費抑制政策が進められる一方，老人医療費支給制度のような

公費を支出する政策が共存しあうという状況が生み出され，高齢者介護に混乱が生じてくることになるのである。そして現実にも「社会的入院」が生み出されたことからもわかるように，高齢者介護は徐々にその範囲が老人福祉から老人保健・医療へと広がることとなった。それは，老人医療費支給制度創設の結果増大した老人医療費を抑制するために制定された老人保健法によって，今まで老人福祉で扱われていた高齢者介護が老人保健・医療へと広がりつつあった状況を決定づけることになるのである。特に「特例許可外老人病院」の制度化と「老人保健施設」の創設によって，この介護政策の広がりが決定的なものになるのである。それはつまり「特例許可外老人病院」がおおやけに社会的入院を認めることとなり，老人保健施設創設は「特別養護老人ホームにおけるベット数と医療の不足，病院病床の空床と高い費用という，数ある問題を一挙に解決する」ものであり，老人福祉からの問題点と医療側からの問題点をあわせて解決する方法として登場するのである[14]。しかし，それは老人保健・医療分野においても，明確に介護に対する対策を行っていくということであり，老人福祉と老人保健・医療の両制度で高齢者介護対策を行うことが決定的になってしまったといえる。

　以上のように，一方での財政的側面からの福祉見直し論による福祉改革の進行と，他方での老人医療費支給制度の共存が，まず現実的に第一歩の高齢者介護に対する対策を福祉から医療まで広がるきっかけをつくることとなる。そして，1982年の老人保健法の制定による「特例許可外老人病院」の制度化，その後の老人保健施設創設などにより，高齢者介護は福祉制度下から老人保健・医療へさらに広がりをみせることになるのである。

3　介護保険構想の登場とその展開

　このように，1980年代前半には，高齢者介護対策は実質的に老人福祉から老人保健・医療にまで広がることとなった。そこで，この二つがいかに合流

していくのかみてみよう。

　まず,新しい介護保障のシステムが必要となってきた背景のひとつとして,福祉見直し論を基礎とし,その目指す目標として位置づけられた日本型福祉社会・活力ある福祉社会を担う社会福祉政策の重要な柱,つまり家族介護の限界があげられよう。1985年の国民生活審議会綜合政策部会政策委員会「長寿社会の構図―人生80年時代の経済社会システム構築の方向―」においては,「在宅福祉を進める上においては,ねたきり老人の介護に伴う負担について,一般に,家庭の精神的,物理的な負担はあまりにも大きいと指摘されていることから家庭の負担をいかにして軽減していくかが課題である」と報告されている。また,「高齢者対策企画推進本部報告」（1986年）においても「家族の介護等の能力に自ずと限界があり,高齢者だけでなく,家族をも支援するシステムをつくり,家族の役割が円滑に機能するよう配慮しなければならない」と述べられている。さらに,同年には政府の本格的な高齢社会対策のプログラムである「長寿社会対策大綱について」,続いて1988年に旧厚生省・旧労働省が「長寿・福祉社会を実現するための施策の基本的考え方と目標について」が発表され,今後の高齢化社会に対する新しい対策も出されはじめた。このように,1980年代後半には高齢化率の上昇等により,今までのように高齢者介護を家族内の問題として片づけるということではもはや対応することは難しくなった。そして,家族介護を基礎とするにしてもその支援対策を何らかの形で講じる必要性に迫られ,高齢者介護が社会的な問題へと発展していくのである。

　こうしたなかで,老人医療費増大を抑制するために制定された老人保健法もその効果はなく,また一方で抜本的な改革が行われないまま,従来どおり老人福祉においても介護サービス提供を行う状況が続いていた。そのために,介護保険制度導入の理由としてよくあげられている各制度間での利用手続きや費用負担面における差が生じていたのである。

　ここで確認しておかなければならないのは,介護が社会的な問題へと発展

し，各制度の問題や不均衡を是正する新しいシステムの検討が，一体いつから始められるのかということである。その時期を明確にしておく必要があるのは，高齢者介護保障政策における老人福祉・保健・医療のすべてに関わる大きな転換点になるといえるからである。

旧厚生省内部では1987・88年頃から新しい高齢者介護保障制度のひとつとして，医療保険制度のような社会保険方式の案が提案されていた[15]。それを示す報告書が，1988年の厚生省政策ビジョン研究会の「変革期における厚生行政の新たな展開のための提言」である。この提言は，「変革期における厚生行政の新たな展開について，厚生省内の若手有志から出された政策提言を官房企画官，室長クラスで検討の上，とりまとめたもの」で，「これからの政策論の素材提供」という目的で提言されるものであると断り書きされているが[16]，具体的に社会保険方式による新しい介護保障システムについてふれられていることにも注目しなければならない。また，例えば全国社会福祉協議会が1989年に提出した「介護費用の社会的負担制度のあり方を求めて（介護費用の社会的負担制度のあり方検討委員会中間報告書）」においても，ドイツの介護保険制度を検討し，わが国の新しい介護保障システムとして社会保険方式を推奨している。

このように1987・88年には，社会保険方式による介護保障システムの案がいくつかのレベルで構想されつつあったが，新しいシステムのひとつの方法として社会保険方式が明確に述べられたのは1989年の「介護対策検討委員会報告」であることに異論はないだろう。この介護対策検討委員会においても，その方法のひとつの柱として社会保険方式が提案されている。そして1992年には旧厚生省老人保健福祉部の部長，担当審議官，各課長，課長補佐ら幹部で構成された「高齢者トータルプラン研究会」が発足し，内部文書として「高齢者トータルプラン研究会報告」が作成された[17]。この報告書では，高齢者の介護に社会保険制度（介護保険）を導入し，給付費の50％は保険者負担，残りの50％は公費負担（内訳は国1/2，都道府県及び市町村1/4）という実際に導

入されることになる介護保険制度へとつながる具体的な案が出されている。

　その後，介護保険構想が最も明確な形で現れてくるのは，1994年の国民福祉税構想の頓挫後であるが，ここで重要なのは1980年代後半に新しいシステムの素地がつくられていたという点である[18]。つまり，今後の高齢社会に対応するためには今までの家族介護を中心としたやり方では限界があることから「介護の社会化」が求められ，また各制度の問題の解決を目指し，新しいシステムの必要性が認識されつつあったのである。そして，1980年代終わり頃にはその新しい介護保障システムの仕組みが社会保険方式で行うという案が登場しているのである。その最初となるのは1988年の厚生省政策ビジョン研究会であると考えられるが，その提言が「厚生省内において必ずしも意志統一はなされていなかった」[19]ものであったとしても，戦後約50年もの間老人福祉制度において続いてきた措置制度をそれまでの利用者負担の増大という形で対応するのではなく，高齢者を被保険者とする社会保険方式としたことは,わが国の社会福祉・社会保障政策において大転換であったといえよう。

　そして，その後はハイスピードで新しい介護保障システムの創設へと向かっていくことになるが，社会保険方式が明確に打ち出される決定打となったのが先に述べた国民福祉税構想後である。また同じく1994年には「21世紀福祉ビジョン」において新しい介護システムの創設が提言され[20]，社会保障制度審議会社会保障将来像委員会第2次報告においては初めて公的介護保険制度の創設が明記された[21]。また，高齢者介護・自立支援システム研究会の報告書も，「高齢者が必要とする介護サービスを必要な日に，必要な時間帯に，スムーズに受けられ，一人暮らしや高齢者のみの世帯の場合であっても，希望に応じ，可能な限り在宅生活が続けられるような生活支援を行う」ためのシステムとして介護保険制度の創設を促した。その後,本格的な検討に入り，1996年4月には老人保健福祉審議会が最終報告を提出し，そして旧厚生省が試案を各審議会へ諮問して答申を受け，11月には介護保険法関連三法案が国会に上程されたのである。その期間は国民福祉税構想から約3年であった。

そしてその後，1年あまりの審議を経て，1997年に介護保険法が成立するのは周知のとおりである。

4 措置制度から介護保険制度への転換の意味

　2000年度から実施された介護保険制度は，社会保障構造改革の第一歩として位置づけられるほど，わが国における社会福祉・社会保障政策の大きな転換点となった。それは，介護保険制度がさまざまな面において，それまでの制度と大きく異なっていたからである。どのような点で異なっていたかといえば，ひとつは公費を中心とするのではなく社会保険方式が導入されたこと，もうひとつはサービス利用を行政処分という形ではなく，契約方式で行うということである。つまり，介護保険制度ではたとえ保険料が全体の半分であるにしても高齢者自身が保険料を拠出し被保険者となる（社会保険方式），また，利用者本位のサービス提供体制を築く（契約方式）という新しい二つの方法が組み込まれるようになったのである。

　このように従来から批判の多かった「措置制度」の問題点を解決するための手段として，介護保険制度（「社会保険方式」「契約方式」）が導入されることとなった。そのため介護保険制度創設の過程における各報告書では，措置制度の問題点の指摘とともに新しいシステムに求められる内容の検討が行われてきた。しかし，ここで確認しておかなければならないことは，その検討の際に，措置制度の問題点が多岐にわたるため，財政的な側面から検討される場合と，利用者本位の利用体系をつくり出すという目的で検討される場合とが，明確に区別されないまま議論が展開されてきた点である[22]。そのため措置制度＝行政処分，社会保険方式＝契約，権利性とみなしてしまう仕組みができてしまったのではないかといえる。そしてこの混乱が介護保険制度創設の過程に出された各報告書で常に起こり，議論をより複雑なものとしただけでなく，その結果介護保険制度の本質があやふやなイメージで理解されてし

まうことにもなったといえるのである。そこで本節では，改めて措置制度から介護保険制度への移行に注目し，移行に伴いどのような変化があったのかを明確にしようとするものである。その際，介護保険制度の特徴といえる「社会保険方式」と「契約方式」にも焦点を当てながら探ってみたい。

　まず最初に，措置制度での問題点を利用者側とサービス提供機関側からみてみよう。まず，利用者側からの問題点としては，①市町村がサービスの必要性の有無，種類，提供機関の決定権をもつため，利用者の意思でサービスを選択することが難しい，②基本的に市町村が直接あるいは委託によりサービスを提供するため，サービス内容が画一的で，多様化したニーズに対応しにくい，③措置制度は公費で行われるため，所得調査などを伴い利用者に心理的抵抗感を与える，④費用負担が受益に応じたものではなく，本人と扶養義務者の所得に応じた利用者負担（応能負担）になるため，中高所得層には重い負担となっている，などである。次にサービス提供機関側からの問題点では，①措置制度の下では入所者1人あたりの単価を定めて措置費が支払われるが，これはサービスがよくても悪くても1人あたりの単価は同じということを意味し，よりよいサービスを提供しようとするインセンティブが働かず，硬直的である，②措置費は公費で賄われているため，他のものに流用しての使用や会計間の流用については厳しい制約があり，経営の効率化などへの向上心が妨げられる，③措置制度においてサービスの大部分の委託を受けている社会福祉法人は一定の条件のもとでの収益事業は認められているが，事業の範囲が限定され経済活動が阻まれていたため主体性が発揮できず，また財政基盤の安定のために収益事業や寄付金に頼らなくても最低限運営はできるようになっているが，それが逆に措置費に依存する結果となっている，ことなどであった。

　それでは，こうした措置制度の問題点が介護保険制度によってどのように変化するのかを，以下の四つの項目に沿って検討してみよう。まず，第一として「介護サービスへのアクセスと選択の自由性」についてである。措置制

度のもとでサービスを利用する場合は，市町村が介護サービスを必要であると判断した場合に，サービス提供機関・内容等を決定するという方法をとっており，現実的に利用者がサービス提供機関や内容を選択することは難しかった。しかし，介護保険制度では被保険者が直接サービス提供機関や内容を選択し契約できるようになった。

しかし，ここで二つの前提をしっかり理解しておくことが重要である。ひとつは介護保険制度は社会保険方式で運営されているため，被保険者でなければ介護保険制度のサービスを利用することができないことである。なんらかの理由で保険料を滞納している場合は，サービス提供の差し止め等が行われ，介護保険制度の保険給付を十分利用することができないのである[23]。

またもうひとつは，医療保険の給付を受けるように，簡単に自らの判断で介護サービスが受けられるというわけではないことである。介護サービスを利用する場合は，要支援認定・要介護認定（以下，「要介護認定」とする）を受けなければならない。そのため，自らが介護を必要と判断しても，要介護認定において「自立」と判定されれば介護保険制度から保険給付としてサービスを利用することはできない。このように，介護保険制度は，社会保険方式での運営形態をとっているため被保険者のみの利用となっており，それに加えて要介護認定を受けて認定された者のみが好きな提供機関を選択，契約して保険給付サービスを利用できるのだという前提を認識しておく必要がある[24]。

これら二つの前提をもとに，再度この「介護サービスへのアクセスと選択の自由性」を検討してみれば，介護保険制度でなくとも措置制度の改善により可能であるといえるのである[25]。つまり，サービスの内容・提供機関が自由に選べるかどうかということは措置制度か契約方式かという問題ではなく，サービスの質・量の問題である。サービスの供給量が多い状態ならば措置制度においても「サービスの内容・サービスの提供機関」を十分自由に選ぶことは可能である。しかし，逆にサービスの供給量が十分に整備されていない状況で自由なサービス選択，つまり契約方式にふみきると，サービス提

供側からの顧客の選り好みが生じ，必要度あるいは緊急度の高い要介護者であっても，必ずしもサービスが優先的に提供されるとは限らない。

　いいかえれば，サービス供給量が多ければ措置制度でも契約方式でも利用者の意見を反映させてサービスの内容・提供機関の選択が可能となるであろうが，逆にサービスの供給量が少ない場合においては契約方式では逆選択が生じる可能性を含みうるし，また措置制度でも従来と同じような一方的な行政処分から脱出できず，したがってどちらもうまくいかないということになるのである。

　次に第二の問題は，前でも少しふれたが「介護サービスの量的・質的拡大」についてである。措置制度のもとでは，ごくわずかだが地方自治体の直接サービスと社会福祉協議会や社会福祉法人，福祉公社など地方自治体から委託を受けた事業者によってサービス提供が行われていた。また一方で，措置制度とはまったく関係なく市場で販売されていた民間のシルバー産業のサービスも存在しているという状況であった。

　措置制度では公費から措置費が支弁されるため，サービス提供機関も限定されていたが，ある時期からは，徐々にその措置委託先も拡大されつつあった。1988年にはホームヘルプサービスにおいて民間事業者へも委託が可能となり，さらに1992年には介護福祉士に対しても可能となった。1997年には，デイサービスとショートステイにおいて，また1999年には訪問看護において，民間事業者への委託が可能となった。

　ところが，社会保険方式を基礎とした介護保険制度導入によって，在宅福祉サービスに関しては，法人格を有し，人員基準，運営・設置基準を満たしてたうえで都道府県知事の指定を受ければ，非営利・営利問わずさまざまな提供機関が介護サービス事業者として保険給付サービスを提供することができる仕組みとなった。つまり，措置制度のもとでのサービス提供機関への厳しい供給制限が撤廃され，営利目的の民間事業者などの参入も可能となったのである。これにより，社会福祉法人も民間営利事業者も同じ土俵の上でサ

ービス提供を行うことになり，多種多様な事業者の参入が見込まれることになった。実際にも量的には介護サービス事業者が増大した結果となった。しかし，問題はサービス量が増えても，サービスの種類や参入地域の偏り，サービスの質的な問題が多く残されることとなったのである。介護保険制度では，サービス提供機関は介護報酬をもとに経営を行っていくため，営利を目的とする企業はもとより，非営利組織においてもある程度の利益が必要となってくる。そのため利益があがらないサービスや地域に介護サービス事業者が参入することは難しい。そして，そのサービスや地域に多様なサービス提供機関が参入してこなければ，地方自治体が提供するサービスなど限られたサービス提供機関のみとなり，その地域ではサービス内容も提供機関も選択できないことになる。またその唯一のサービス提供機関によって提供されるサービスの質が悪くても，そのサービスを購入しなければならないという状況に陥る可能性もある。

　つまり，措置制度から社会保険方式へ移行することによって，介護サービスは量的に増加したが，サービス・参入地域の偏りが生じ，「介護サービスの量的・質的拡大」はある一定の地域しか確保できていない状況となったのである。そして，これは逆に介護保険制度の導入によって必然的に起こると懸念されていたことでもあったのだ。

　そして，第三の問題として，「費用負担の不公平性と低所得者対策」があげられる。措置制度のもとでは，利用者負担は本人と扶養義務者の所得によって決まってくるため，かなり高い利用者負担を支払わなければならない中高所得階層の利用が進まない状況にあった。また，施設サービスにおいては，前節でもみたように介護保険制度導入以前では同じような要介護状態の者が，さまざまな施設に入所・入院しており，施設ごとに支払う利用者負担が異なっていたことも問題であった。

　このような問題を解決すべく介護保険制度においては，利用者負担が応能負担から応益負担へと変わり，その結果，中高所得階層の負担は軽くなる

が，逆に低所得階層には重い負担となる状況が生み出されてしまうことになった。もともと中高所得階層の利用者負担が重く，他の階層との不公平を生み出している点がその問題であったにもかかわらず，これではそれまで低所得階層のため考慮されていた負担が重くなり，新たな不公平を生み出す結果となる。いいかえれば，中高所得階層の負担を減らすかわりに，低所得階層の負担を増やすということは低所得階層への負担の転嫁ということになるといえよう。

では，低所得階層へと負担が広げられた介護保険制度ではどのようなことが起こるのであろうか。介護保険制度は，所得に関係なく被保険者は原則として定率1割の利用者負担を支払う必要がある。そのため，たとえ判定された要介護度の保険給付の支給限度基準額内でサービスを利用することができるとしても，所得が低く1割の利用者負担が払えない者は，自然とサービス利用への抑制が生じる可能性がある。これでは措置制度のもとで解決しようとした費用負担問題が，介護保険制度ではより厳しい問題として噴き出し，介護保険制度においては所得に応じてサービス利用に差が生じてしまう制度となりうるのである。さらに，このような介護保険制度では介護が必要となった場合においても，金銭的な面で安心して生活を送ることができないという結果になってしまうことも考えられるであろう。

そして最後に，第四の問題としては「サービス利用における心理的抵抗感」がある。公費運営の措置制度から，拠出制の社会保険方式を基礎とした介護保険制度に移行することで，給付を受けるために保険料を払っているということから権利意識がうまれ，それがひとつのきっかけとなりサービス利用において心理的抵抗感が薄れるということは考えられよう。また，措置制度は戦後の社会福祉制度の救貧的なイメージが強いため，介護保険制度に移行することはそのイメージを払拭することに一役買うというメリットもあるといえる。

しかし，逆に保険料を払えないボーダー層や生活保護制度の適用を受けて

いる低所得階層には，介護保険制度がなおスティグマを再生産するきっかけとなる可能性が残っている。また，同じ生活保護受給者をみても，65歳以上の者と40歳以上65歳未満の者とでは介護保険制度における扱いが大きく異なることも今までにはない対応の仕方である。つまり，65歳以上で生活保護を受給している者は，生活保護制度の生活扶助から介護保険料が支給されるため，被保険者として介護保険制度に加入することができる[26]。しかし40歳以上65歳未満の者が介護保険制度の被保険者になるためには医療保険に加入する必要があるため，40歳以上65歳未満の生活保護受給者は介護保険制度には加入できないのである[27]。このように同じ生活保護受給者であって同じ介護サービスを受ける場合でも，年齢の問題だけで異なる制度から給付されるという仕組みになっている。つまり介護保険制度では，サービス利用における心理的抵抗は利用者すべてについて薄れるのではなく，介護保険制度に加入できないボーダー層や40歳以上65歳未満の生活保護受給者などにはなおもスティグマを再生産することになるであろう。また，第三の問題とも絡んでくるが，利用者負担を払えないことからサービス利用への抑制がかかり，所得によって新たにスティグマを生み出してしまう可能性も無視できない。

　さて，以上の四つの項目に集約して，問題点を検討してみた。措置制度との比較からわかったように，措置制度から介護保険制度へと移行しても，介護サービスの量的・質的な確保が行われないとするならば，措置制度と介護保険制度の方法そのものにおいては明確な優劣はなかったといえる。このように現行制度の問題点は措置制度のみの問題ではないことが明確になり，また介護保険制度に移行したということのみでは解決できない問題も多くあるのである。

　しかし，高齢者介護・自立支援システム研究会報告書や老人保健福祉審議会の各報告書は，現行の問題点として措置制度のみを取り上げ，その改善策として社会保険方式を基礎とした契約方式の介護保険制度しかないような論調で貫かれている。またその場合も，社会保険方式と契約方式のそれぞれの

特徴が明確に区別されずに論じられているため，介護保険制度に対する認識があやふやなものとなっている。そして，措置制度と介護保険制度の両方に優劣がないとすれば，措置制度から介護保険制度へ移行しようとすることが現行制度の問題解決の有力な手段であると述べる報告書に多大な疑問が生じてくることにならざるをえない。つまり，措置制度から介護保険制度への移行は，現行制度の問題点解決というよりも，むしろ「普遍主義的」な社会福祉サービスのイメージを全面に出しつつも，中身は国の財政負担の軽減を図ろうとしているといえるのではないだろうか。たしかに措置制度は時代の流れにより，現行制度のままでは対応できない問題点を含んできたことは明らかである。しかし，そのことと国や旧厚生省が社会福祉改革のひとつとして措置制度解体を促していることが重なって，措置制度自体があまりにも問題視されすぎる傾向にあったといえよう。そして，この介護保険制度が高齢者介護に大きく与えた影響として明確にあげられる最大の点は，サービス利用における自由な選択・契約などではなく，高齢者を保険料を支払う主体として位置づけたことであるといえるのではないだろうか。

5 む す び

これまで，1973年の老人医療費支給制度から介護保険法成立までを通して，三つの視点から検討してきた。まず，1970年代後半から1980年代前半までを「地域福祉」と「老人保健・医療」という二つの側面からその展開を明らかにした。二点目として介護保険制度創設に至る過程において，それまでの老人福祉及び老人保健・医療がどのような形で関わり，それがどのように介護保険制度へと合流するのかを追ってきた。そして三点目として，導入された介護保険制度とそれまでの措置制度との相違点を明らかにし，介護保険制度は高齢者介護保障政策においてどのように位置づけられるのかを検討してきた。そこで，このような分析から得られた結論を以下に整理しておこう。

第一として，1970年代後半から1980年代前半にかけてみると，まず老人福祉においては「地域福祉」を中心に据えた財政的側面からの福祉見直し論が展開される。そのため，老人医療費支給制度が整備の遅れている老人福祉サービスを肩代わりすることになり，その範囲以上の役目を果たすようになってしまった。そしてこれが，老人福祉から老人医療へと高齢者介護が広がりをみせるはじめのきっかけであり，また高齢者介護を混乱させる始まりでもあったのである。さらには，増大した老人医療費に歯止めをかけるため制定された老人保健法においても，老人医療費を抑制するどころか，特例許可外老人病院の制度化や老人保健施設創設などにより，老人福祉から老人保健・医療へと，さらに高齢者介護を行う土台を広げていくことなるのである。このように，この時期は高齢者介護が老人福祉から老人保健・医療へとその領域を拡大していった過程といえるのである。

　第二として，高齢者介護が老人福祉や老人保健・医療の双方において展開されていく，その流れこそが，最終的には介護保険制度に合流する過程そのものであったということである。その背景には，それまで目指してきた自助や家族・地域によるインフォーマル部門を基礎とした高齢者介護保障政策に行き詰まりがみえ，高齢者介護が社会問題として大きく浮上したということがあった。また，高齢者介護を担う制度ごとの制度間格差や不均衡の是正が以前から強く求められていたこともそのひとつである。

　ここで重要なのは，新しい介護システムのあり方を検討する際のひとつの柱として社会保険方式案が登場する時期は，1987・88年頃だということである。つまりこの時期には早くも介護保険構想の素地ができあがりつつあったといっても過言ではなく，高齢者介護の新たな展開はもうすでに1980年代終わり頃からスタートしていたのであった。公的な報告書によって新しいシステムの方法のひとつの案として社会保険方式が初めて登場するのは，1989年の介護対策検討委員会報告においてであるが，1992年の旧厚生省幹部らによって提出された「高齢者トータルプラン研究会」報告書では，すでに公費と

保険料の半分ずつで財政構成された介護保険制度が目指すべき目標として打ち出されていたのである。これは国民福祉税構想よりも2年も前であった。つまり，これは明らかに旧厚生省が高齢者介護保障政策を公費負担の措置制度から社会保険方式へ移行させる目標をあらかじめ立てていたことの証しといえるのである。そして，まさにそのとおりの介護保険制度が導入されることになるのである。

　そして第三として，措置制度と介護保険制度を比較検討した結果，両制度においてはさほど優劣の差はなく，両制度のどちらにおいてもその対策が必要とされたのは介護サービスの量的・質的拡大であった。しかし，当時の各報告書は特に措置制度における問題を取り上げ，介護保険制度が導入されれば多くのメリットがあるかのような論調で記述されていたが，この背景には，旧厚生省の措置制度解体というもくろみと，今後の社会保障の方向性として，高齢者を被保険者として位置づけるという大きな目標が置かれていたのである。つまり，介護保険制度は社会保険方式を高齢者対策に導入するひとつの突破口であったのである。

1) 牧里によれば，初めて地域福祉の概念構成を呈示したのは岡村重夫の『地域福祉論』（1974）とされる。牧里［1986：170］を参照。
2) 高度成長期によって変化した社会・経済状況や生み出された問題について，高田［1986：42］は「経済成長にともなって経済構造はいうまでもなく社会構造や家族構造にも大きな変動が生じた。ことに生活環境の悪化，ないし破壊は住民運動をはじめ行政，ことに革新自治体の対応を含めて，『生活』『福祉』への取り組みを動機づけた。すなわち地域生活の質的向上を要請し，そのための『地域福祉』が重視されるようになった」と述べている。また，牧里［1986：180］は，「大方の指摘のあるとおり，生活の都市化や核家族化，それに伴う既存住民組織の問題解決力の低下や福祉機能の喪失，家族の介護力や生活問題解決力の低下，あるいは人権意識の変化，さらにそれらの根底となる婦人の労働者化など家事・育児・介護などの社会化・共同化を求める要因は多岐にわたっている」とされる。
3) 右田・井岡［1984：14］を参照のこと。
4) 河合［1980］は，最初に「福祉見直し論」として登場するのは，1974年の自民党橋本幹事長私案「福祉社会憲章」であるとする。また高田［1986：54〜59］は，福祉見直し論を①消極的な福祉見直し論（財政問題の視点から）と②積極的な福祉見直し論（地

域福祉の視点から)の二点に分けられるとし,三浦[1998:167～195]も「福祉見直し論」の二つの側面を「財政抑制を律とする財政構造改革と連動した年金改革や医療改革の基調」と「新しい高齢化の進展のなかで増大する社会福祉需要」としてあげている。また,全国社会福祉協議会「これからの社会福祉―低成長下におけるそのあり方―」(1976年)においても福祉見直し論の二面性についてふれられているが,これは三浦文夫がとりまとめたものである。

5) 牧里[1986:197]を参照されたい。
6) 高田[1986:59]を参照されたい。
7) この点は,高田[1986:59～65]による。
8) しかし断っておくが,1970年代後半は,まだ社会福祉の縮小は徐々にしか進行しない。社会保障費予算は毎年前年度よりは落ち込んでいくが,高齢者介護に関していえば1978・79年には在宅福祉の三本柱のうちの残りのショートステイとデイサービスが制度化されている。
9) 社会保障長期計画懇談会「今後の社会保障のあり方について」(1975年)では,「老人医療制度のあり方については,本格的な老齢化社会を迎えるにあたって,真剣に見直すべきであり,総合的な老人対策との関係,医療資源への配慮,国民健康保険制度のあり方等とも関連させつつ今後の対策を検討することが必要である。…(中略)なお,この場合,現行の老人医療費支給制度が設けられた当時と比べて年金の水準が引き上げられていることとも関連して,自分の健康に対する責任感を促す見地からある程度の一部負担を設けることも検討に値しよう」とされる。
10) キャンベル[1995:412]によれば,「老人医療費の急増は老人が今まで医療を受けられなかったからであるなら別に驚く」ことではなく,「客観的な指標では,高齢者の受診は異常に高いわけではなかった」とし,問題は治療の問題がないのに長期入院しているという「社会的入院」に注目が集まったとしている。
11) キャンベル[1995:432]によれば,病院志向の理由として,「『福祉施設』にはネガティブなイメージがあるのに対し,入院治療には一般的によいイメージがあること,都市部では特別養護老人ホームへの入所には長く待たねばならなかったこと,ベット過剰の日本では病院・診療所間で患者獲得競争が激しいことなど」をあげている。
12) 1977年には老人保健医療問題懇談会「今後の老人保健医療対策のあり方について」において,「国民各階層が公平に負担する方法」としては,全額を公費で賄う方式は財政的にまず不可能であるとし,住民や事業主に供出するという案は「国民の十分な理解を得る必要があるが,今後の負担の増大に対処する方式として,具体的検討に値する」とされている。また社会保障長期計画懇談会「今後の社会保障のあり方について」(1975年)において,のちに登場する老人保健法の財政方式を表す方法も提示されており,この時点でもうすでに「社会的入院」が問題とされていたのであった。
13) 老人保健法の成立過程においては,キャンベル[1995:417～428]を参照されたい。
14) 金子[2002:77],キャンベル[1995:431]を参照のこと。
15) 衛藤[1998:76]を参照のこと。

16) この提言は，さらに「若手の勉強会の成果であり，厚生省としての政策方針を示すもの」ではなく，また「内容についても種々議論があるものをとりまとめたもの」とも断り書きがされている。
17) 日本医師会総合政策研究機構［1997：12～13］を参照のこと。
18) 介護保険構想の登場時期については，いろいろな論者がふれている。神野・金子［2002］によれば，「1980年代以降の福祉制度改革においては，福祉関係八法改正の時点ですでに市町村が福祉サービスの計画と実行を同時に行う主体であることが決まっていた」が，「福祉サービス供給の財源をどこに求めるかはまったく決まっていなかった」とし，「事実このあたりの福祉関係の審議会報告書には『介護保険』という言葉は出てこない」と述べている。そして，「福祉＝租税，医療＝保険という構図を，ゴールドプランが目標となった1990年代に入っても，厚生官僚は維持しようとしていたのではないか」と述べ，結果的にそれが示されたのが「国民福祉税」構想の頓挫であり，その後に矢継ぎ早に打ち出された介護保険構想の発表につながるとしている。また，伊藤［2002］によれば，「介護保険の構想が急浮上してきたのは，当時の細川連立内閣のもと」であり，消費税を国民福祉税と名前を変え，案がでてきたのは頓挫した1994年2月以降であるとし，「消費税の引き上げが国民の強い批判をよんだことを目の当たりにあたりにして厚生省は高齢者福祉の財源を消費税から社会保険料に求める方向に急速に傾斜していったと考えられる。1994年4月のドイツの介護保険法成立もその追い風となった」と述べている。このように1994年の国民福祉税構想が頓挫した後，介護保険制度が登場するという論調が強弱はありつつも支配的であるが，介護保険構想の素地は1987・88年，少なくとも1992年には旧厚生省内部で検討し実現を目指す具体的な目標と定めされていたといえる。
19) 増田［2001：44］を参照のこと。
20) 伊藤［2002］によれば，1994年の高齢社会福祉ビジョン懇談会「21世紀福祉ビジョン」では「介護施策の充実には主に間接税（消費税）を当てていくべき」とされているため，「21世紀福祉ビジョンがまとめられた1994年初めごろまでは，厚生省の構想では，介護サービスなどの高齢者福祉の主たる財源は消費税に求められていた」とされている。しかし，介護サービスの基盤整備の主たる財源が「消費税」に求めれていたという内容が報告書に記述されていても，それが高齢者介護対策をも租税でという意味にはとれないであろう。
21) 社会保障制度審議会社会保障将来像委員会第2次報告において，今後の公的介護保障制度についての方法を明確に述べている。また，この報告は，新しい介護保障システムを社会保険方式で行うことを明確にした最初の報告であるため，少し長いが引用しておこう。「今後増大する介護サービスのニーズに対し安定的に適切な介護サービスを供給していくためには，当面の基盤整備は一般財源に依存するにしても，将来的には，財源を主として保険料に依存する公的保険制度を導入する必要がある。長寿社会にあっては，すべての人が，期間はともかく相当程度の確率で介護の必要な状態なり得ることから，保険のシステムに馴染むと考えられる。公的介護保険制度とは，要

介護状態になったときに現金給付，現物給付，あるいはそれらを組み合わせることによって介護サービスを給付し，その費用を負担するものである。保険制度であるから，保険料を負担する見返りとして，受給は権利であるという意識を持たせることができる。また，負担とサービスの対応関係が比較的わかりやすいことから，ニーズの増大に対し，量的拡大，質的向上を図っていくことに国民の合意が得られやすい。…（中略）そのような社会保険方式とするかは今後の具体的な検討を待ちたいが，例えば，既存の公的年金制度，医療保険制度又は老人保健制度を活用する方式，別の新しい介護保険制度を創設する方式などが考えられる。関連する部分も多いだけに，その際，医療保険制度，老人保健制度など医療制度全体にわたる見直しが必要となるであろう」。

22) 例えば，増田［2001：49］においても，この論理が使われている。それは，「高齢者介護分野に社会保険方式を導入することは，利用者はサービス提供者との間の契約に基づきサービスを利用することになるので，利用者にあたっての権利性が明確になることや，利用者本位のサービス利用システムへの転換，行政機関や社会福祉法人以外の多様な事業主体の参入によるサービスの量的拡大と質の向上が図られること等のメリットがある」としているのである。しかし，「利用者本位のサービス利用システムへの転換」は措置制度廃止せずとも改正によっても行えるし，「行政機関や社会福祉法人以外の多様な事業主体の参入」は，介護保険制度以前からも，措置委託先が民間事業者にも拡大されてきていたため，措置制度のもとでも可能である。

23) 第1号被保険者の保険料は所得段階別で行っているなど所得の違いに応じて保険料には対策をとっているとし，厚生労働省は，保険料においても減免措置を行わないように指導している。しかし，65歳以上は介護保険料のみであるが，40歳以上65歳未満の者は，保険料の徴収の関係から医療保険に加入していることが必要である。問題は医療保険料をかろうじて支払っているボーダー層である。医療保険料と介護保険料は合わせて医療保険者が徴収することになっているため，かろうじて医療保険料を支払っている者は，現在必要でない介護保険料も支払うことになり，負担が増加し，医療保険からドロップアウトしてしまうこともある。

24) また，付随して起きてくる問題として，介護保険制度では要介護認定を申請している間でもサービスを利用できるが，それらすべては要介護度が認定されるまでの間，償還払いでサービスを利用することとなるため，費用を全額負担できないような要介護者にとっては，その間はサービスが必要であっても利用できないというサービス抑制が働くことも懸念される。また認定された要介護度に応じた保険給付の支給限度基準額を超えた場合は，超えた部分は全額自己負担となるため，要介護度を推測しながら利用することになり，同様にサービスに対して抑制が働くことが考えられる。

25) この点に関して，古川［1995：84］は現行の措置制度も「利用申請者による選択権の行使を可能にできるだけのサービスメニューや施設の種類と数が準備され，インフォームドコンセント原則が導入され，利用申請者の意向を措置・決定の過程に反映する道が開かれれば，措置方式においても利用者の権利は十分保障できる」と述べている。また，里見［1997：25］もサービスの「選択性を確保できるかどうかは，運営・財政

方式の如何によるというよりも，サービスの質・量の十分さに関係している」と述べている。
26) この場合においては，介護サービスは介護保険制度より給付され，利用者負担は生活保護制度の介護扶助から給付されることとなる。
27) この場合においては，生活保護制度の介護扶助から介護サービスが提供されることとなる。

【参考文献】
新川敏光「戦後社会保障政策の過程と構造」『季刊社会保障研究』Vol.37, No.1, 2001年。
伊藤周平『「構造改革」と社会保障―介護保険から医療制度改革へ―』萌文社，2002年。
右田紀久恵「社会福祉行政における委託と契約の課題」『リーディングス日本の社会保障4 社会福祉』有斐閣，1992年。
右田紀久恵・井岡勉編『地域福祉―いま問われているもの―』ミネルヴァ書房，1984年。
衛藤幹子「連立政権における日本型福祉の転回―介護保険制度創設の政策過程―」『レヴァイアサン』臨時増刊号，1998年。
岡村重夫『地域福祉論』光生館，1974年。
小笠原祐次「戦後高齢者福祉制度の展開」『社会事業史研究』第28号，社会事業史学会，2000年。
金子勇編『高齢化と少子社会』ミネルヴァ書房，2002年。
河合克義「『地域福祉』の展開過程について―地域の福祉運動発展のために―」『明治学院論叢社会学・社会福祉学研究』57号，明治学院大学社会学会，1981年。
北場勉『戦後社会保障の形成―社会福祉基礎構造の成立をめぐって―』中央法規出版，2000年。
ジョン・C・キャンベル／増山幹高訳「メディアと政策転換―日本の高齢者対策―」『レヴァイアサン』第7号，1990年。
ジョン・C・キャンベル／三浦文夫・坂田周一監訳『日本政府と高齢化社会』中央法規出版，1995年。
佐藤進「措置福祉制度の歴史的意義と新たな展開」『社会福祉研究』第64号，1995年。
佐藤進・河野正輝編『介護保険法』法律文化社，1997年。
里見賢治「高齢者介護政策の新展開」『市政研究』春号，大阪市政調査会，1995年。
里見賢治・二木立・伊東敬文『公的介護保険に異議あり』ミネルヴァ書房，1996年。
里見賢治「介護保険法案の問題点と普遍的介護保障の課題」『産業と社会』第11巻第4号，1997年。

芝田英昭「福祉サービスの公的責任」日本社会保障法学会編『講座社会保障法第3巻　社会福祉サービス法』法律文化社，2001年。
新藤宗幸『福祉行政と官僚制』岩波書店，1996年。
神野直彦『システム改革の政治経済学』岩波書店，1998年。
神野直彦・金子勇編『住民による介護・医療のセーフティーネット』東洋経済新報社，2002年。
高田真治「高度成長期の社会福祉」右田紀久恵・高田真治共編『地域福祉講座』中央法規出版，1986年。
高橋紘士「措置制度の問題と福祉供給システムの多元化」『社会福祉研究』第64号，1995年。
高山憲之「公的介護保険をめぐる諸問題」社会保障問題研究所『季刊社会保障研究』Vol.32，No. 3，1996年。
二木立『介護保険と医療保険改革』勁草書房，2000年。
日本医師会総合政策研究機構「介護保険導入の政策形成過程」（日本医師会総合政策研究機構報告書）第2号，1997年。
日本社会保障法学会編『講座社会保障法第4巻　医療保障法・介護保障法』法律文化社，2001年。
古川孝順『社会福祉改革』誠信書房，1995年。
藤村正之『福祉国家の再編成―「分権化」と「民営化」をめぐる日本的動態―』東京大学出版会，1999年。
堀勝洋『現代社会保障・社会福祉の基本問題』ミネルヴァ書房，1997年。
増田雅暢「社会保障と政策―厚生省における介護保険法の立案の経験から―」『社会保障法』13号，1998年。
――――「介護保険制度の政策形成過程の特徴と課題―官僚組織における政策形成過程の事例―」『季刊社会保障研究』Vol.37，No. 1，2001年。
――――『介護保険見直しの争点』法律文化社，2003年。
三浦文夫『社会福祉政策研究〔増補改訂〕』全国社会福祉協議会，1985年。
――――「老人福祉における公私のあり方―シルバーサービス産業の今日的課題―」『季刊社会保障研究』Vol.32，No. 2，1996年。
――――「高齢社会と社会政策―社会保障の転回と社会保障の構造改革を中心に―」『社会政策学会100年―百年の歩みと来世紀にむかって―』社会政策叢書第22集，啓文社，1998年。
宮島洋『高齢化時代の社会経済学』岩波書店，1992年。
山崎泰彦「高齢社会と介護保障制度」社会保障問題研究所『季刊社会保障研究』Vol.26，No. 4，1991年。

―――――「介護保険の基本問題」社会保障問題研究所『季刊社会保障研究』Vol.32, No.3, 1996年。

横山和彦「『福祉元年』以後の社会保障」東京大学社会科学研究所編『転換期の社会福祉国家・下』東京大学出版会, 1988年。

第 **3** 章

介護保険の保険給付とその限界
具体的な費用試算をもとに

1 問題の所在

　わが国は，高齢者をとりまく問題のなかでも特にその対策を必要としていた高齢者介護において抜本的改革が検討され，それまでの措置制度に代わる新たなシステムとして介護保険法が1997年に成立し，2000年4月から施行された。措置制度から介護保険制度へ移行することによって，財政的な面では公費を中心とした仕組みから社会保険方式を基礎とした仕組みへと転換し，サービス利用においては契約方式が導入されることとなった。

　しかし，切望されていた介護サービスの充実とはうらはらに，制度導入が決定した後も利用者が介護保険制度の内容をどの程度理解していたのかは疑問を感じるところである[1]。また，介護保険制度の導入を時期尚早だとする考えや導入延期などの報道もされており，介護保険法は制定されたものの，施行まで混乱状態が続いたことは認めざるをえない。

　その理由のひとつとして，介護保険制度はそれまでの措置制度とはその仕組みが大きく変化するにもかかわらず，制度創設の過程ではその議論に混乱が生じ介護保険制度に対してあやふやなイメージが広がったことがあげられよう。具体的には，議論の際に措置制度の問題点のみが強調され，新しいシステムについても財源調達方法にその重点が置かれていたことである。そのため制度間近になっても保険料や介護報酬など費用面において不透明な部分が多く，実際のサービス利用に関しても，介護が必要となった場合にどの程

度介護サービスやサポートが公的に保障されていれば自らが望んだ生活を送れるのかといった具体的な検討が十分議論されたとは言い難い。

そこで，前章においてはわが国の高齢者介護保障政策の大転換による変化を原理的な面における比較検討から明らかにしたが，本章ではさらに具体的に介護保険制度によってカバーされる介護サービスの水準で本当にナショナル・ミニマム的な保障ができるのかという点を，保険給付の支給限度基準額を中心に検討していきたい。しかしどの程度の介護サービスが利用できれば在宅で日常生活を営むことができるのかは，介護の経験などがなければ利用者自身も実感しにくいところであろう。そのためまず第一に，要介護度ごとに応じた理想的なモデルプランの費用試算結果と，保険給付の支給限度基準額との差額を計算し，その二つの距離を測ることにする。

第二として，措置制度のもとで実際に利用されていた介護サービスが，介護保険制度の保険給付の支給限度基準額ではどの程度カバーできるものなのかを探るため，具体的なケアプランをもとに費用計算を行い，同様に差額を試算しよう。

かくして，このような二つの差額計算の結果から，介護保険制度における保険給付の支給限度基準額内で介護サービスを受けながら自らが望むような生活をすることが可能かどうかを吟味し，介護保険制度で提供される介護サービスの実態とは一体どのようなものなのかを明確にしようと試みている。

2 要介護状態区分とその支給限度基準額

まず介護保険制度のサービス利用に関する内容を整理しておく。介護保険制度でサービスを利用する際には，まず利用者は要支援認定・要介護認定（以下，「要介護認定」とする）を受ける必要がある。そして，認定された利用者はその要介護状態に応じた保険給付の支給限度基準額内であればサービス（保険給付対象のみ）を原則として1割の利用者負担で利用できるという仕組

みになっている。

　この「要介護状態」とは，「身体上又は精神上の障害があるために，入浴，排せつ，食事等の日常生活における基本的な動作の全部又は一部について，厚生労働省令で定める期間にわたり継続して，常時介護を要すると見込まれる状態であって，その介護の必要の程度に応じて厚生労働省令で定める区分（以下，「要介護状態区分」とする）のいずれかに該当するもの」（介護保険法第7条）と定義されている。

　次に，「その介護の必要の程度に応じて厚生労働省令で定める区分（要介護状態区分）」は要介護認定等基準時間で区切られており，要支援から要介護5までの6段階となっている[2]。しかし要介護認定等基準時間だけではどのような状態が各要介護状態区分にあたるのかがわかりにくいため，少し古くなるが「平成10年度高齢者介護サービス体制整備支援事業における介護認定審査会運営要綱等について」の別添3で示されている，要介護状態区分の状態像の例を簡単にみておこう。

　まず「要支援状態」であるが，これは「要介護状態とは認められないが社会的支援を要する状態」[3]とされ，日常生活では基本的に自立しているが，「歩行」などに不安定さがみられ，「薬の服薬」「金銭の管理」などの社会生活上では一部介助の必要な場合などが当てはまる。次に「要介護状態区分1」では，「生活の一部について部分的介護を要する状態」とされ，「歩行」や「立ち上がり」などに不安定さがみられ，「排せつ」では間接的介助を，「入浴」『清潔・整容』[4]『衣服着脱』[5]，「金銭の管理」などの社会生活上では一部介助等を必要とする場合が多い。また「物忘れ」などがみられることがある。「要介護状態区分2」は「中等度の介護を要する状態」とされ，「歩行」など自力でできない場合が多く，「排せつ」では間接的・直接的な介助を必要とする場合が増し，「入浴」『清潔・整容』『衣服着脱』，「金銭の管理」などの社会生活上では一部介助・全介助が必要な場合が多い。また，「毎日の日課」「直前の行為」の理解の一部に低下や，「まわりに関心がない」などの行動がみられ

図表 1　要介護状態に応じた保険給付の支給限度基準額（居宅サービス）

(2003年4月現在)

要介護状態区分	状　　　　態	支給限度基準額（月額）
要 支 援	要介護状態とは認められないが社会的支援をする状態	6,150単位
要 介 護 1	生活の一部について部分的介護を要する状態	16,580単位
要 介 護 2	中等度の介護を要する状態	19,480単位
要 介 護 3	重度の介護を要する状態	26,750単位
要 介 護 4	最重度の介護を要する状態	30,600単位
要 介 護 5	過酷な介護を要する状態	35,830単位

(注)　1 単位＝10〜10.72円となっており，地域やサービスによって異なっている。
(出所)　厚生労働省監修『平成15年版厚生労働白書』ぎょうせい，483頁をもとに筆者一部加筆。

る。「要介護状態区分 3 」は「重度の介護を要する状態」とされ，「歩行」など自力ではできず，「排せつ」「入浴」では全面的な介助が，『清潔・整容』では全般に一部介助・全介助が，『衣服着脱』，「金銭の管理」などの社会生活上では全介助の必要な場合が多い。また，「生年月日」「自分の名前」など理解全般に低下がみられ，「昼夜逆転」「暴言・暴行」などの行動がみられる。「要介護状態区分 4 」は「最重度の介護を要する状態」とされ，全般的に生活能力が低下しており，「入浴」「排せつ」『清潔・整容』『衣服着脱』の全般にわたって全介助の必要な場合が多くなる。また，「自分の名前」など理解全般にわたって低下がみられ，「野外への徘徊」や「火の元の管理ができない」といった問題行動が増えてくる場合である。そして，「要介護状態区分 5 」は「過酷な介護を要する状態」とされ，生活全般にわたって全面的な介助を必要とし，「嚥下」の障害がある場合は必要な介護が増加したり，「意思の伝達」がほとんどまたはまったくできない場合が多い。また，「自分の名前」など理解全般にわたって低下がみられ，「野外への徘徊」「火の元の管理ができない」というような問題行動がみられる場合が多くなる。

　次に，2003年 4 月時点における要介護状態に応じた保険給付の支給限度基準額は，図表 1 のとおりである。繰り返しになるが，利用者は介護保険制度

のもとでサービスを利用すれば原則として1割の利用者負担で済む。しかし，利用者負担が1割で済む場合とは，要介護状態に応じた保険給付の支給限度基準額内でのサービス利用のみであり，これを超える部分のサービスを利用した費用は基本的に全額自己負担となることに注意しておく必要がある。

3 介護サービスの費用試算と自己負担額

(1) モデルプランの試算内容と自己負担額

　実際に自ら介護を必要とした経験や介護に携わるような体験がなければ，介護される，介護する状態を想像することは難しい。たとえ前節でみてきたようなそれぞれの要介護状態を理解したとしても，実際どのようなものか現実味を帯びたところまで把握するのは困難であろう。

　しかし，平均寿命の伸長から考えると加齢とともに介護に関わる可能性が高まり，もしかすると介護を受ける，または介護する状態になることも考えられる。そのため，自らの老後の生活設計にもこの「介護」が大きく関わってくることは明らかである。自らの介護が必要となったときや介護者になったときのために，どの程度のサービスが利用できれば，在宅での日常生活を営むことができるのかを把握しておく必要があろう。

　そこで，上述した東京市町村自治調査会第2次高齢者介護制度研究会（以下，「研究会」とする）が試算した結果を取り上げてみよう。この試算の特徴的な点は，利用者本人の選択権保障と要介護状態にあっても人間らしい生活の確保ができる水準を定め，基本的に一人暮らしでも安心して在宅生活が継続できるサービス提供量を設定していることである。研究会はこれらの考え方をもとに要介護状態別のモデルプランを立て，試算を行っている。

　これらのモデルプランは，要介護状態区分（6段階区分）を基本的に採用しているが，痴呆[6]と最重度はさらに細分化し，合計8タイプとなっている。このモデルプランは，現場における実践者の意見を取り入れたものであるこ

とから妥当性は高いといってよい[7]。また，ここでは家族介護力を見込まないという考え方から，サービス提供の水準は要介護状態のみで設定されている。高齢者介護・自立支援システム研究会が主張している新介護システムのあり方は，「高齢者が必要とする介護サービスを必要な日に，必要な時間帯に，スムーズに受けられ，一人暮らし高齢者のみの世帯であっても，希望に応じ，可能な限り在宅生活を続けられるような生活支援を行う必要がある」[8]として，24時間対応を基本とした在宅サービス体制の整備を目標としていることから，単独世帯を基本においてモデルプランを作成することは妥当である。

ここで，各モデルプランの概要をみてみよう[9]。まず，要介護状態が「虚弱（要支援状態）」の場合は，「食事・排泄・着脱のいずれも概ね自立しているが，生活管理能力が低下する等のため，時々支援を要する」状態とされている。次に要介護状態が「軽度（要介護1）」の場合は，「食事・排泄・着脱のいずれも概ね自立しているが，生活管理能力が低下する等のため，入浴・掃除・調理等において一部介助または支援を要する」状態を想定している。要介護状態が「中度（要介護2）」の場合では，「食事・着脱はなんとか自分でできるが，排泄等は介護者の一部介助を要する」状態とされている。また，要介護状態が「重度（要介護3）」の場合は，「排泄・入浴・着脱のいずれにも介護者の半介助を要する」状態が想定されている。そして，「痴呆A（要介護4）」の場合は「ADLが低い寝たきりのケースで，痴呆症状を呈しており，食事・排泄・着脱のいずれにも介護者の全面的な介助を要する」状態が想定され，「痴呆B（要介護4）」の場合は，「ADLが高いが，中程度の痴呆症状を呈しており，食事・排泄・着脱のいずれにしても一部介助を要する。徘徊が中程度のケース」を想定している。そして，要介護状態が「最重度A（要介護5）」の場合は，「寝返りをうつことができない寝たきりの状態であり，食事・排泄・着脱のいずれにも介護者の全面的な介助を要し，一日中ベットの上で過ごす。医学的管理の必要性が比較的低いケース」とされ，要介護状

第3章　介護保険の保険給付とその限界

図表2　研究会のモデルプランで提供されているサービス内容

要介護状態区分	サービス	訪問介護（巡回型）（回数／週）	訪問介護（時間／週）	訪問看護（回数／週）	通所介護／通所リハビリ注1（回数／週）	短期入所生活介護（回数／年）
虚　弱	（要支援状態）	―	4	1	2	2
軽　度	（要介護1）	―	8	1	3	6
中　度	（要介護2）	11	20	1	3	12
重　度	（要介護3）	14	22	2	4	12
痴呆A・寝たきり	（要介護4）	14	22	2	4	12
痴呆B・非寝たきり	（要介護4）	7	16	0.375	6	12
最重度A	（要介護5）	14	27	7	2	12
最重度B・医療ケース	（要介護5）	―	21	7 注2	―	12

(注1)「通所介護／通所リハビリ」については，サービス費用推計時には各々の割合を7：3（通所介護：通所リハビリ）とする。

(注2) 最重度（医療ケース）の訪問看護は，気切部の処理等の日常的な医療ケアに対応するために，巡回型（1回20分）を毎日6回，週42回行うことを提案している。サービス費用推計にあたっては，現在の診療報酬体系における算定方法を勘案すると，1日1回の算定で巡回的運用を図ることが原則となると考えられることから，週当たり7回と設定する。

(出所) 財団法人東京市町村自治調査会第2次高齢者介護制度研究会『介護保険と市町村の役割』中央法規出版，1998年，90頁を筆者が加筆修正。

態が「最重度B（要介護5）」の場合は，「寝返りをうつことができない寝たきりの状態であり，食事・排泄・着脱の いずれにも介護者の全面的な介助を要し，一日中ベットの上で過ごす。吸引が必要なケースであり，医学的管理を要する」状態が想定されている。この8タイプで必要とされるサービスのモデルプランは図表2のとおりである。

これらのモデルプランに基づき，研究会が試算を行った結果は図表3のとおりである[10]。最も費用が低いのは虚弱（要支援状態）の1万3080単位（約13万800円）であり，最も費用が高いのは最重度（要介護5）の6万6410単位（約66万4100円）であった。要介護状態が高くなれば必然とサービス利用が増すため費用が必要となることは想像できる。また最低でも月額10万円以上の費用が必要となるという試算結果から，在宅で介護サービスを利用する場合，

図表3　要介護状態別介護サービス給付額（月額）

ケース	要介護状態区分	試算結果[注1]（月額）
虚　弱	要　支　援	13,080単位
軽　度	要　介　護1	23,400単位
中　度	要　介　護2	41,540単位
重　度	要　介　護3	51,870単位
痴呆A	要　介　護4	51,870単位
痴呆B	要　介　護4	39,970単位
最重度A	要　介　護5	66,410単位
最重度B	要　介　護5	46,540単位

（注1）研究会の試算結果を10円＝1単位として，介護報酬の単価に修正した。
（出所）図表2と同じ，98頁。なお，筆者が必要な箇所を抜粋し，一部加筆修正した。

図表4　研究会試算結果と保険給付の支給限度基準額との差額計算結果

要介護状態区分		①保険給付の支給限度基準額（月額）	②研究会試算結果[注1]（月額）	①－②自己負担額[注2]（月額）
要支援状態		6,150単位	13,080単位	△　6,930単位
要介護1		16,580単位	23,400単位	△　6,820単位
要介護2		19,480単位	41,540単位	△ 22,060単位
要介護3		26,750単位	51,870単位	△ 25,120単位
要介護4	（痴呆A）	30,600単位	51,870単位	△ 21,180単位
	（痴呆B）		39,970単位	△　9,370単位
要介護5	（最重度A）	35,830単位	66,410単位	△ 30,580単位
	（最重度B）		46,540単位	△ 10,710単位

（注1）研究会の試算結果を10円＝1単位として，介護報酬の単価に修正した。
（注2）自己負担額に利用者負担は含まない。
（出所）図表2と同じ，98頁をもとに，筆者が自己負担額を試算し，作成した。

利用者にはかなりの負担となるといえる。

　そして，要介護状態に応じた保険給付の支給限度基準額との差額を計算してみると，サービス利用額は支給限度基準額内では収まらず，すべての区分で支給限度基準額の上限を大幅に超えてしまうことになった。支給限度基準額の上限を超えてしまった分，つまり差額をみると，最も低いのは要介護1

の6820単位（約6万8200円）で，最も高くなっているのは要介護5の3万580単位（約30万5800円）であった。またこの額には，保険給付を利用した場合の1割の利用者負担額は含まれていないため，この額よりもさらに自己負担額は増加する。つまり，現在の保険給付額内では，それが改善されない限り研究会が示すようなモデルプランは実現できないことになる（**図表4を参照**）。

(2) ケーススタディにおける費用試算と自己負担額

前節では，単独世帯で介護を受けながら在宅で生活するために理想的に必要とされるモデルプランの費用を試算した結果と，保険給付の支給限度基準額との差額を計算した。しかし，この方法では実際にどのくらい費用がかかっているかという現実を把握することは難しい。そこで，今度は実際に措置制度のもとで在宅サービスを利用しているケアプランを用いて試算を行ってみよう。以下では，大阪府下のH市立デイサービスセンターでサービスを提供したケアプランの4事例を用い，費用試算を行うことにする。この4事例のみで一般化することはできないが，現状の費用負担を概観するのには役立つであろう。

試算方法はまず各事例において利用しているサービスの1週間にかかる費用を計算し，1ヶ月を4週間とし1ヶ月あたりの費用を試算する。そして，各事例の1ヶ月の費用負担額と要介護状態に応じた保険給付の支給限度基準額の差額をみてみたい。

試算に入る前に4事例の概要を紹介しておこう。事例1は寝たきり度C[11]で，夫婦二人暮らしであるAさんの場合である。Aさんは妻（75歳）と二人暮らしで，妻が高齢で箸入れの内職をしていたことから，十分な介護を受けることができずに全身衰弱を起こした。現在妻は内職もやめAさんの介護に専念しているが，妻が自分の介護に自信をもってしまったために，ホームヘルパーの訪問を快く思わなくなっている状況にある。しかし，実際にはホームヘルパーが訪問しない時間帯は，Aさんに積極的に関わっていないようで

ある。また，Aさんが動けるようになってきたため，おむつ交換などの介助が逆に困難になり，ときにはAさんが妻につい手を出してしまったりする。

次に，事例2として寝たきり度Cで昼間の介護者がいないBさんの生活状況をみると，子宮癌，直腸癌，心筋梗塞の既往歴があるBさんは市民病院を退院し，現在長女（62歳）と二人暮らしである。しかし，長女は勤務しているため昼間独居となっている。また，長女の勤務は不規則で，休みも数日前でないとわからないことが多い。朝のおむつ交換，服薬，朝食介助は長女が出勤前に行うが，週数回は市内在住の子どもや親せきの訪問がある。

事例3のCさんの場合は，寝たきり度Bで脳出血後遺症による右肩麻痺があり，夫（91歳）と長女（60歳）の三人暮らしだが，長女は精神分裂のため介護，家事能力がない。夫が金銭管理や食事の後片づけをしているが，夫も尿失禁があり，パットを使用している状態である。

最後は，事例4の単身生活を送る痴呆老人のDさんの場合である。身体・精神状況をみると，食事，排せつに関しては一部介助を必要とするが，歩行は杖を使用して自力で歩くことができる。また着脱は時間がかかり不正確であるため自宅で入浴できないが，デイサービスでは一般浴を利用している。聴力はやや聞こえにくくなっている。また，日時，年齢，生年月日は不確かで，時々道に迷うことがある。生活状況としては，一戸建ての持ち家に猫2匹と住んでいる。ホームヘルパーが現在のように1日4回訪問するようになる前は，「痴呆＝危険」という近隣の偏見と誤解が強く，家から出られないように玄関の戸につっかえ棒をしたり，門扉を紐でくくったり，外出中の本人を無理矢理連れ戻すという出来事もあったが，ホームヘルパーが必要なサービスを提供し，市のケースワーカーが積極的に関わったことにより，近隣に安心感を与えることができ，トラブルや苦情も少なくなった。現在の本人は，昨年より痴呆は進んだが以前と変わらず居室の整理を繰り返し，気が向けば買い物や銀行に行くこともある。

4事例の生活状況は以上であるが，各事例において利用したサービス内容

図表 5　4 事例におけるサービス提供内容

	要介護状態区分	巡回型訪問介護 （回／週）	訪問介護 （時間／週）	訪問看護 （回／週）	通所介護 （回／週）	訪問入浴 （回／週）
A さん	要介護 5	16	25	3	2	—
B さん	要介護 5	—	21	14	—	1
C さん	要介護 5	32	9	—	1	—
D さん	要介護 3	7	29	—	1	—

（注）3 事例が利用している配食サービスは介護保険制度の保険給付対象ではないため除外した。
（出所）大阪府 H 市立デイサービスセンターより提供の資料をもとに筆者が作成。

と要介護状態区分は**図表 5** のとおりである。**図表 5** の 4 事例における 1 週間のサービス提供内容をもとに，1 ヶ月のサービス利用にかかる費用試算を行った。試算に使用する介護報酬単価は，2003年 4 月現在のものとなっている[12]。

試算の結果，A さんが 6 万1208単位（約61万2080円），B さんが 9 万2372単位（約92万3720円），C さんが 4 万9908単位（約49万9080円），D さんが 4 万9520単位（約49万5200円）であった。要介護度が高くなると利用するサービス量も増すことは先ほどの研究会のモデルプランでもうかがえたが，実際の具体的なケアプランにおいても同様のことがいえるであろう。そして，この 4 事例のうち 3 事例（A さん，B さん，C さん）は要介護 5 と予測されるが，これら 3 事例では50万〜90万円の費用がかかるという結果から，同じ要介護度でも費用の面ではかなりの幅がある。この費用の幅は，利用しているサービスの違いによって生み出されるものである。

そして 4 事例の試算結果と保険給付における支給限度基準額との差額，つまり自己負担額を計算すると，4 事例とも高額な自己負担を強いられる結果となった（**図表 6** を参照）。最も自己負担額が低い C さんで 1 万4078単位（約14万780円），最も自己負担額が高い B さんでは 5 万6542単位（約56万5420円）となった。この自己負担額には 1 割の利用者負担は含まれていない。ここでも支給限度基準額以上のサービスを利用するためには，先の研究会の計算と

図表6　4事例の費用計算と保険給付の支給限度基準額との差額計算結果

	①保険給付の支給限度基準額 (月額)	②試算結果 (月額)	①—②自己負担額[注1] (月額)
Aさん（要介護5）	35,830単位	61,208単位	△25,378単位
Bさん（要介護5）	35,830単位	92,372単位	△56,542単位
Cさん（要介護5）	35,830単位	49,908単位	△14,078単位
Dさん（要介護3）	26,750単位	49,520単位	△22,770単位

(注1) 自己負担額に利用者負担は含まない。
(出所) 図表5と同じ。なお筆者が試算を行い，作成した。

同様にさらに高額の自己負担が必要となる。そしてこれらの4事例は実際にサービス利用している人であり，仮にこのまま介護保険制度が適用されると，今までとは違った費用を負担することになるため，高額な自己負担ができない場合同じ内容のケアプランでサービス利用を続けていくことは困難であろう。

またこれらの4事例は，要介護状態や介護者の精神的な状態が何らかの形で改善されたものである。特にAさんのように，ホームヘルパーなどが積極的に要介護者に関わっていくことで日常生活動作（ADL）が向上したケースでは，介護保険制度の導入により要介護認定や保険給付における支給限度基準額の設定が行われることで，かえって柔軟なサービス提供ができなくなる。この4事例で一般化することはできないが，このようなケースが発生することは他の事例においてもその可能性を否定できない[13]。

4　介護サービスにおけるナショナル・ミニマム保障の必要性

以上のように，研究会のモデルプランにおいても，実際のケーススタディにおいても現在の保険給付では高額な自己負担を強いられる結果となった。では，利用者にとってこのような介護サービス提供が保険給付額を超えてでも日常生活を営むのに必要な場合に，どのような問題が生じるのだろうか。

まず，1割の利用者負担が払える場合は保険給付の上限額までサービスを利用する。しかし，先の試算結果からみたように，それでは必要なサービスが不足するため，保険給付外のサービスを利用しなければならないことになる。金銭的に余裕がある場合は，不足したサービス分は基本的に全額自己負担で保険給付外サービスを利用する道がとられるであろう。介護保険制度では，保険給付外のサービスとして横だし・上乗せサービスといわれるような付加的なサービスの提供が認められている[14]。これにはまず介護保険制度における市町村特別給付や保健福祉事業として，介護保険制度の枠内で行われるサービスがある[15]。しかし，この市町村特別給付という形で行われる横だし・上乗せサービスの財源は原則として第一号被保険者の保険料で賄うことになるため，このようなサービスが充実すればするほど，第一号被保険者の保険料負担が増大するおそれがある[16]。また，市町村特別給付として行った場合利用者負担は自由に設定できるが，要介護認定された者しか利用できなくなる。

　加えて，その他いくつか保険給付外のサービス提供として考えられるものがある。ひとつは，従来どおり市町村が一般財源で提供するサービスである。従来，措置制度のもとで福祉サービスの拡充が図られ，24時間ホームヘルプサービスなど先進的な取り組みを市町村独自のサービスとして展開してきたところも多い。しかし，介護保険制度の保険者としても機能しなければならない市町村にどの程度その力が残っているか予想しにくいところである。もうひとつとして居宅サービス事業者の指定を受けた民間のシルバーサービスやボランティア・非営利組織などから提供される付加的なサービスなども含まれるであろう。しかし，これらのサービスはどの地域で生活しても必ず利用できるというわけではない。

　一方，問題は金銭的に余裕がなく，不足分のサービスを全額自己負担できない利用者である。そこで起こってくると考えられることは，まずサービスの不足分は無料または低額で利用できるボランティアなどを利用する方法で

ある。そして，そのようなサービスも利用できない場合やまたは利用してもなおかつ不足する場合は，家族がそれまで以上に介護を行うか，サービスが足りなくてもそれで我慢して生活するしかないのである。

しかし，日常生活を営むための介護サービスが不足するという問題は，利用料の減免，市町村独自のサービス提供または根本的に保険給付額を見直し補うことで対応すべきある。ボランティアなどが提供するサービスは非常に重要なものであるが，国が保険給付の支給限度基準額を低くしたり介護サービスの基盤整備を怠ったりした結果，ボランティアなどの安価なサービスによって肩代わりさせるようなことは避けなければならない。ボランティアや非営利組織のグループが法人格を取得し，正式に保険を利用できるサービス提供主体として活動するのは，多種多様なサービスを確保するという点から奨励できる。しかし，ボランティアは，必要とされているにもかかわらずそのサービス提供者が存在しない場合や緊急の場合などに活躍する面は数多く認められるが，あくまでも介護保険制度の範囲外やその周辺で活動するボランティアや非営利組織のグループから提供されるサービスは介護保険制度上では付加的なものとして扱う必要がある。介護保険制度はわが国の社会保障制度の一環であり，国は国民に生活をしていくうえで必要な介護サービスのナショナル・ミニマムを明確にし，その基準を満たすことができるよう保障する責任がある。保険給付額内において介護サービスのナショナル・ミニマムが保障されたうえで，所得によってサービス利用に差が生じるのならば納得もできる。しかし，保険給付内で生活するための介護サービスがナショナル・ミニマムを保障していない場合，所得の高い者だけが望むサービスを選択・購入することができ，所得の低い者はサービスの選択に縛りを受けるような仕組みとなってしまう。それでは「選択」を重視しメリットとして唱えてきた契約方式で運営する意義が薄れてしまうことになる。介護保険制度は保険給付内で利用できるサービス量を，利用者が在宅で介護を受けながら自分が望んだ日常生活を営める点を基準として保障する必要がある。

5 む　す　び

　これまで，措置制度から介護保険制度へ移行することによって，サービス利用においてどのような問題が起こるのかについて，要介護状態に応じた保険給付の支給限度基準額を中心に具体的に費用試算を行い検討してきた。そこで，このような分析から得られた結論を以下に整理しておこう。
　まず，現在の保険給付における支給限度基準額と研究会の差額計算および，4つの事例との差額計算から，そのどちらにおいても自己負担額が高額になり，必要とされるサービスが十分利用できないということが示された。つまり，現在の保険給付では，モデル的なサービスや現状のケアプランで行われているサービスが利用できないということである。保険給付が少なければ自己負担が自然と増え，在宅で十分なサービスを利用しながら日常生活を送ることは現実的には難しくなる。このような状況では，在宅でサービスを受けながら生活することは困難になり，自ずから施設サービスを利用する方へ切り替わってしまうおそれがある。
　さらに，介護保険制度は社会保険方式を基礎とするため被保険者である高齢者には新たに保険料が徴収され，なおかつ1割の利用者負担が求められる。そのため，高齢者の負担は現状よりも増すことが予測されるなか，自己負担で保険給付外のサービスを購入できる利用者は限られてくるであろう。また，何らかの理由で1割の利用者負担の支払いが困難な状況に陥り，実際には支給限度基準額内でさえ必要なサービスが利用できない要介護者には，家族の介護負担が増大する，適切なサービスが受けられないために日常生活を営むことができないというような問題が起こる。たとえ要介護5と認定され保険給付では約35万円分利用できることになっても，1割の利用者負担，この場合では約3万5000円が払えないために，要介護者自身がサービスの利用を抑制する結果となってしまっては，実質的には要介護度が低く認定されている

のと同じである。しかし，利用者負担の軽減は介護保険法では災害の場合などに限られ（介護保険法第50条），地方単独で1割の利用者負担を軽減することは望ましくないと考えられている。それは旧厚生省によると，利用者負担はサービスを利用する者としない者との公平な負担の確保，サービス利用についての費用に対する意識の涵養，要介護状態の重度化の予防への自覚の促進等を図るために設けられていたのであるから，地方単独事業による利用者負担の減免は望ましくないという理由からである[17]。

　また1割の利用者負担を払うことが可能であっても，それ以上に保険給付外サービスを利用する金銭的余裕がなければ，保険給付外サービスを利用できる人と利用できない人の間に格差が顕在化するおそれも含んでいる。また，4事例中3事例で利用されていた配食サービスは介護保険制度の保険給付対象外のサービスであり，導入後に利用する場合には市町村の特別な対応がないかぎり基本的に全額自己負担となる。このように現在利用できるサービスすべてが保険給付対象として取り扱われるわけではなく，利用者には1割の利用者負担以外の自己負担が増大する恐れがあることも見逃すことはできない。

　介護保険制度では，保険給付を利用することによって利用者負担が高額になる場合に備えて高額介護サービス費制度が設けられている。高額介護サービス費とは，利用者負担額が一般被保険者は月額3万7200円，住民税非課税世帯は月額2万4600円，生活保護や老齢福祉年金受給者は月額1万5000円を超えた分について，市町村の保険会計から補てんを行い，利用者負担が過大となるのを防ごうというものである。この介護保険制度の高額介護サービス費は医療保険制度の高額療養費と似たような仕組みであるとよくいわれるが，実際は異なった仕組みである[18]。それは，医療保険制度はその患者の病気に必要と思われるだけのサービスが提供されるのに対して，介護保険制度は給付対象サービスを支給限度基準額内で利用した場合には保険が適用されるが，それ以上利用する場合は保険給付外となり，基本的に全額自己負担

となるからである。このように高額介護サービス費の適用も，どこまで利用者の負担抑制の機能を果たすかは疑問である。

　このように措置制度から介護保険制度へ移行することによって，制度上では利用者の選択権を重視した契約方式という面がメリットとしてあげられているが，実際は保険給付が十分に行われない状況であれば，場合によっては措置制度よりも利用できるサービスが低下するにもかかわらず，自己負担だけが増えるという制度となってしまう可能性も否定できない。また，介護保険制度はそれまでの措置制度とは異なり，サービス利用にあたっては自らが選択したサービス提供者と直接契約し，多種多様なサービス提供機関から要介護者はサービスを受けることができるというメリットがある。しかし，たとえサービスの内容や提供者が選択できても，先に述べたようにサービス費用の多くを自己負担で賄うことになれば，金銭的に余裕のない利用者は自然とサービス利用に抑制がかかるであろう。契約方式という利用者のサービス選択を重視したサービス利用を行うためには，要介護状態に応じた保険給付の支給限度基準額や各サービスの介護報酬の適切な設定が必要であるといえる[19]。

　さらに，利用者のサービス選択を重視するために導入された契約方式では，利用者が介護保険制度の仕組みを十分理解していなければさまざまなトラブルに巻き込まれる可能性もある。例えば，十分な説明がされないまま保険給付外のサービスとは知らずに利用し高額な利用者負担を請求されたり，契約に対する知識不足や不慣れなどからこれまでシルバービジネスの分野で起こってきたような消費者問題が顕在化してくる可能性も否定できない[20]。高齢者は介護保険制度で「要介護者」になったと同時に，介護サービス提供という「市場」でのサービスを消費する「消費者」ともなるのである。適切なサービスを提供しない機関や人材に甘んじてサービスを受けることがないように，またそのようなサービス提供機関を選択しないために，サービスの善し悪しを見極め消費者の権利を行使していくことが必要である。そのような

消費者問題を防ぐためにも，関連機関は介護保険制度の内容を利用者に把握してもらうための広報活動や，契約に対する知識を身につけ劣悪サービスを購入しないようにするための消費者教育にも力を入れるべきである。また，問題が起こったときにすぐに相談できる消費者バックアップシステムの構築や，消費者が有益な情報を迅速に手に入れることができるようにすることも必要である。

　以上のように，措置制度から介護保険制度に移行してもサービス利用に関しては根本的な課題が解決されないままとなっている。介護保険制度は，介護というリスクを社会全体でカバーし，介護が必要になったときには介護を受けながら自らが望む生活を営むことができるということを中心に，介護サービスのナショナル・ミニマム保障を行っていくため導入された制度であった。しかし，実際には保険料・自己負担が増えるにもかかわらず，それまでよりも利用できるサービスが少なくなったり，所得によって差がでるような制度となる可能性がある。このような介護保険制度の問題点を解決するためにも，再度介護サービスのナショナル・ミニマム保障について検討し，サービス基盤整備とあわせて，制度内容の再検討が必要である。

1) 介護保険制度を知っているとする回答は調査の年代によっても多少の違いがあると思われるが，13.1％（総理府調査1995年12月）から35％（毎日新聞調査1998年10月）となっている（この調査をまとめたものについては，里見［1999：48］の表を参照されたい）。また，これらの調査で，どの程度制度の内容までを理解しているかは不明だが，制度の名前を知らない人は内容を知らないであろうし，知っていると回答した人でも制度内容の理解となれば，数が減少することは予想できる。
2) 要介護認定等基準時間は，「入浴，排せつ，食事等の介護」，「洗濯，掃除等の家事援助等」，「徘徊に対する探索，不潔な行為に対する後始末等」，「歩行訓練，日常生活訓練等の機能訓練」，「輸液の管理，じょく瘡の処置等の診療の補助等」の5つの分野の1日当たりの時間を合計して出された時間である。各要介護等認定基準は以下のとおりである。

要支援	5分野を合計した要介護認定等基準時間が25分以上32分未満
要介護1	5分野を合計した要介護認定等基準時間が30分以上50分未満
要介護2	5分野を合計した要介護認定等基準時間が50分以上70分未満
要介護3	5分野を合計した要介護認定等基準時間が70分以上90分未満
要介護4	5分野を合計した要介護認定等基準時間が90分以上110分未満
要介護5	5分野を合計した要介護認定等基準時間が110分以上

(出所) 厚生省令第58号「要介護認定等に係る介護認定審査会による審査及び判定の基準等に関する省令」1999年，厚生労働省令第42号（2003年3月34日）により一部改正。

3) 2005年改正によって，要支援状態は「身体上若しくは精神上の障害があるために入浴，排せつ，食事等の日常生活における基本的な動作の全部若しくは一部について厚生労働省令で定める期間にわたり継続して常時介護を要する状態の軽減若しくは悪化の防止に特に資する支援を要すると見込まれ，又は身体上若しくは精神上の障害があるために厚生労働省令で定める期間にわたり継続して日常生活を営むのに支障があると見込まれる状態であって，支援の必要の程度に応じて厚生労働省令で定める区分（以下，「要支援状態区分」という。）のいずれかに該当するもの」に変更された。

　また，あわせて要介護度も6段階から7段階（要支援1・2，要介護1〜5）に変更されている。

4) 『清潔・整容』には，「口腔清潔」「洗顔」「整髪・洗髪」「つめ切り」などを含む。

5) 『衣服着脱』には，「ボタンのかけはずし」「上衣の着脱」「ズボン等の上下」「靴下の着脱」などを含む。

6) 現在，「痴呆」は名称の見直しが行われ「認知症」へ変更されているが，この時点では「痴呆」という言葉が使用されていたため，本章では図表も含め当時の用語を使用する。

7) この点について，筆者は当研究会の担当者に聞き取り調査を行った。その結果，現場で働いている方々も交えてモデルプランを作成したとの回答を得た。

8) 厚生省高齢者介護対策本部事務局［1995：36］による。

9) 各モデルケアプランの詳細な内容は，財団法人東京市町村自治調査会第2次高齢者介護制度研究会［1998：60〜75］を参照されたい。

10) 研究会が試算した時期は介護保険制度導入以前であり，介護報酬が最終決定していないときのことである。そのため，試算をするにあたり，各サービスの単価（介護報酬）は旧厚生省が「介護費用の推計に当たっての計算基礎」（1995年度価格）で使用したものを用いている。しかし，決定した介護報酬はこのときよりも高くなっていることものがほとんどで，試算結果は現在の介護報酬で試算したものよりも低くなっているといえる。そのため，自己負担額はさらに増すと考えられる。

サービス項目	介護報酬
訪問介護[注1]	（介護型）3,130円／時間
	（家事型）1,410円／時間
	（巡回型）1,570円／20分
訪問入浴[注2]	15,110円／回
訪問看護[注3]	9,310円／回
通所介護	6,062円／回
通所リハビリテーション	9,930円／回
短期入所生活介護	6,160円／回

（注1）訪問介護は早朝・夜間・休日は25％加算，深夜は50％加算となっている。
（注2）訪問入浴は厚生省が単価を発表していないため自治体単価を用いている。「自治体単価」は，研究会参加市町村の補助金実績報告における総事業費の合計を延べ利用件数の総数で除した平均値の概数としている。
（注3）訪問看護においては，厚生省より「基本療養費（5,000円）＋管理療養費／回」という単価設定が発表されているが，管理療養費の額が不明であるため，自治体単価を用いることとしている。
（資料）旧厚生省「介護費用推計にあたっての計算基礎」（95年度価格）。
（出所）財団法人東京市町村自治調査会第2次高齢者介護制度研究会『介護保険と市町村の役割』中央法規出版，1998年，95頁。

11）ここでの判定基準は「障害老人の日常生活自立度（寝たきり度）判定基準（概要）」を使用している。ランクJ（生活自立），ランクA（準寝たきり），ランクB（寝たきり），ランクC（寝たきり）の4段階となっている。

12）2003年4月時点の各サービスにおける介護報酬は以下のとおりである（試算に必要な箇所のみ掲載）。

サービス項目			介護報酬
訪問介護[注1]	身体介護	30分未満	231単位
		30分以上1時間未満	402単位
		1時間以上1時間30分未満	584単位
		以後30分ごとに	83単位
	生活援助	30分以上1時間未満	208単位
		1時間以上1時間30分未満	291単位
		以後30分ごとに	83単位
訪問入浴介護			1,250単位
訪問看護[注2]		30分未満	425単位
		30分以上1時間未満	830単位
		1時間以上1時間30分未満	1,198単位
通所介護（併設型）		3時間以上4時間未満　要支援	241単位
		要介護1・2	307単位
		要介護3・4・5	452単位

（注1）訪問介護は早朝・夜間は25％加算，深夜は50％加算となっている。

第 3 章　介護保険の保険給付とその限界

(注2) 訪問看護の介護報酬は,「訪問看護ステーション」と「病院又は診療所」によって単価が異なっている。ここでは,訪問看護ステーショとする。
(出所) 厚生労働省告示第50号「指定居宅サービスに要する費用の額の算定に関する基準の一部を改正する件」2003年3月3日。

13) その他の利用者負担増大の例については,伊藤［2000：107〜110］を参照のこと。
14) 上乗せサービスとは,「介護給付と予防給付にかかる居宅介護サービス費等について,厚生大臣が定める居宅介護サービス費区分支給限度基準額等に代えて,その額を超える額を,その市町村における基準額として定めたもの」であり,横だしサービスとは法に定めるサービス以外のサービス,例えば寝具乾燥サービスや移送サービスを市町村特別給付として行ったものを指すとされている。詳しくは厚生省老人保健福祉局介護保険制度施行準備室［1998：97］を参照されたい。しかし,広い意味で市町村が一般財源で提供する付加的なサービス,民間やボランティアなどの指定居宅サービス事業者が提供する付加的なサービスなども「横だし・上乗せサービス」と考えてよいのではないだろうか。
15)「市町村特別給付」とは,「前二号（介護給付・予防給付）に掲げるもののほか,要介護状態又は要支援状態の軽減若しくは悪化の防止に資する保険給付として条例で定めるもの」(介護保険法第18条3項)である(傍点部分は筆者)。また,「保健福祉事業」とは,「市町村は,要介護被保険者に現に介護する者等(以下この条において「介護者等」という)に対する介護方法の指導その他の介護者等の支援のために必要な事業,被保険者が要介護状態となることを予防するために必要な事業,指定居宅サービス及び指定居宅介護支援の事業並びに介護保険施設の運営その他の保険給付のために必要な事業,被保険者が利用する介護給付等対象サービス等のための費用に係る資金の貸し付けその他の必要な事業を行うことができる」(介護保険法第175条)である。
16) 市町村特別給付や保健福祉事業の財源は,原則として第1号被保険者の保険料で賄うことになっているが,市町村の一般財源からの繰り入れも行われる可能性がある。
17) これについて厚生省老人保健福祉局介護保険制度施行準備室［1998：186］を参照されたい。
18) 介護保険制度における高額介護サービス費は,「医療保険の場合とは異なり,定額払いを基本とすることとなるため,原則として著しく高額な利用者負担は生じないと考えられますが,低所得者の場合等については,高額介護サービス費による配慮が必要と考えられます」(厚生省老人保健福祉局介護保険制度施行準備室［1998：95］を参照)という説明から,一般被保険者について高額介護サービス費が利用できる可能性は少ないと思われるが,高額療養費と同様に同じ世帯に複数の要介護者がいる場合には一般被保険者でも利用する可能性は考えられる。
19) 支給限度基準額の設定に関しては,白澤［1999］も標準的なケアプランによる介護サービス費総額よりも介護サービ支給限度基準額が上回る設定を行う必要があると述べている。白澤［1999：9〜16］を参照されたい。
20) 福祉サービスにおける消費者問題については,供給主体の多元化によって起こる契約上の問題・取引相手の曖昧さやサービスの質の判定などの問題があげられている。

岩田 [1998] を参照されたい。

【参考文献】
秋元美世「福祉サービスの利用者福祉の権利」日本社会保障法学会編『講座社会保障法第3巻 社会福祉サービス法』法律文化社, 2001年。
伊藤周平『介護保険 その実像と問題点』青木書店, 1997年。
――――『検証介護保険』青木書店, 2000年。
岩田正美「高齢社会における福祉問題と消費者保護問題の接点」『高齢者の消費者契約』大蔵省印刷局, 1998年。
岩田正美・平野隆之・馬場康彦共著『在宅介護の費用問題』中央法規出版, 1996年。
大野吉輝「高齢者の負担能力と利用者負担」『季刊社会保障研究』Vol.32, No. 3, 1996年。
厚生省高齢者介護対策本部事務局『新たな高齢者介護システムの構築を目指して』ぎょうせい, 1995年。
厚生省老人保健福祉局介護保険制度施行準備室『介護保険制度Q&A』中央法規出版, 1998年。
佐藤進・河野正輝編『介護保険法』法律文化社, 1997年。
里見賢治・二木立・伊東敬文『公的介護保険に異議あり』ミネルヴァ書房, 1996年。
里見賢治「介護保険法と公的介護保障のゆくえ」『経済学雑誌』第99巻第5・6号, 1999年。
品田充儀「福祉サービスの利用方式」日本社会保障法学会編『講座社会保障法第3巻 社会福祉サービス法』法律文化社, 2001年。
白澤政和「介護保険の概要と課題―ケアマネジメントと関連させて―」『経済学雑誌』第99巻第5・6号, 1999年。
白澤政和・橋本泰子・竹内孝仁監修『ケアマネジメント概論』中央法規出版, 2000年。
新藤宗幸『福祉行政と官僚制』岩波書店, 1996年。
神野直彦・金子勝編『「福祉政府」への提言―社会保障の新体系を構想する―』岩波書店, 1999年。
武田宏「介護保険法の実施は三年間延期せよ―保険料強制徴収は市区町村の難事業―」『賃金と社会保障』No.1250・1251, 1999年5月下旬・6月上旬合併号。
地方自治経営学会『高齢者福祉における公立と民間とのコスト比較』1997年3月。
中小企業庁小規模企業部サービス業振興室監修『在宅福祉サービス市場の現状「与えられる福祉」から「選ぶ福祉」へ』財団法人通商産業調査会, 1998年。
東京市町村自治調査会第2次高齢者介護制度研究会『介護保険と市町村の役割』中

央法規出版，1998年。
堀勝洋「介護費用の財源政策」『社会保障の財源政策』東京大学出版会，1994年。
————『現代社会保障・社会福祉の基本問題』ミネルヴァ書房，1997年。
増田雅暢『介護保険見直しの争点』法律文化社，2003年。

第 **4** 章

ソーシャルワークの視点からみた介護保険の位置づけ
日常生活の維持・自立支援を視野に入れた介護サービス提供に向けて

1 問題の所在

　戦後，社会福祉分野では，主に措置制度のもとでサービス供給を行う体制がとられてきた。しかし，時が経つにつれて，地域を基盤としたサービス体系や利用者を中心とした制度の整備を目指す方向が生じてきた。また一方で近年では，財政的な問題から社会福祉全般の構造改革が行われている。そうしたなかで，高齢者福祉において問題の中心となっていた介護サービス提供のため，新しいシステムが必要とされ，介護保険制度が導入されたのは周知のとおりである。

　介護保険制度は，「立ち後れている」といわれる社会福祉の新たな段階への入り口と位置づけられ，しかも高齢者の自立支援がより行いやすくなる，利用者中心のサービス利用体系へと転換できる，つまりソーシャルワークの実践がより行われやすくなる制度なのだと信じられてきた。そのため，介護保険制度は高齢者にとっては負担増になる制度であるが，本来の社会福祉分野で目指してきたソーシャルワークの視点によるサービス提供がさらに可能となる制度へと発展し，拡充されるものと考えられている。

　ではここでいうソーシャルワーク[1]とは何か。この問いに答えるため，さしあたり2000年に国際ソーシャルワーカー連盟で採択されたソーシャルワークの定義をみてみよう。この定義では，「ソーシャルワークは，人間の行動と社会システムに関する理論を利用して，人びとがその環境と相互に影響し

合う接点に介入」することとされている。そしてその使命は,「すべての人びとが,彼らのもつ可能性を十分に発展させ,その生活を豊かなものにし,かつ,機能不全を防ぐことができるようにすることである」としている。

そこで,本章ではこの定義からソーシャルワークの実践を三つの視点で考えたい。まず,一点目は「日常生活の個人差」である。ソーシャルワークの使命は,個人の生活の豊かさを追求することであるが,日常生活は個性を基礎としたものであり,それぞれの個人差が顕著に表れるところである。そのため,この「個人差」を考慮できなければ,利用者それぞれの生活を豊かにすることはできないであろう。二点目は,「エンパワメント」である。定義にも表れているが,「彼らのもつ可能性を十分に発展させる」こともソーシャルワークの使命である。日常生活の課題を解決することは当然であるが,さらに利用者が潜在的に秘めているその可能性を引き出すことも,ソーシャルワークの役割であろう。そして,三点目は,「潜在的ニーズの発掘と予防」である。それは,まだ浮かびあがっていないニーズを掘り起こし,また陥るおそれのある課題を予防することにより,生活課題の早期解決を目指すということである。これら三点は,利用者の生活を豊かにするための支援を行うソーシャルワークの実践にとって大切な視点である。そして,本章で焦点をあてている高齢者の介護サービス提供においては,まさにこのソーシャルワークの視点を活かした制度,つまり高齢者の「日常生活の維持・自立支援」を目的とする制度の導入が求められるのである。

そこで,以下では介護保険制度において本当にソーシャルワークの視点を活かした介護サービス提供の仕組みが確立され,本来の社会福祉分野を基礎とした介護サービスの提供体制となっているのかという点を検証したい。そのため,順序としては,まず導入に際して一般に認識された介護保険制度とは何であったのかを捉えよう。そして,一般に認識された介護保険制度とその本当の実態とのズレを明らかにし,現行の介護保険制度を正確に位置づけてみたい。そして,さらに先のソーシャルワークの実践に関わる三つの視点

について，介護保険制度ではこれらがどのように欠如しているのかを検証し，日常生活の維持・自立支援を視野に入れた介護サービスを提供するためにはソーシャルワークの視点がいかに重要であるかを明確にしたい。

2 介護サービス提供体制の認識とその位置づけ

(1) 一般に認識されている介護保険制度の姿

介護保険制度が導入される以前の社会福祉分野から提供される介護サービスは質的・量的に不足していたため，医療・保健分野からその不足を補う介護サービス，または介護関連の医療・保健等サービスが提供されていた（図表1）。高齢者介護保障政策がどのように老人福祉から老人保健・医療へとその広がりをみせたのかについては，第2章で検討したとおりである。概略を述べれば，1970年代後半頃より，財政的側面からの福祉見直し論に基づく福祉改革の進行と，他方で老人医療費支給制度の共存によって，まず高齢者介護対策が福祉から医療まで広がるきっかけをつくり，その後，老人保健法制定(1982年)によりさらにその広がりをみせ，そして老人福祉及び老人保健・医療のそれぞれにおいて行われていた高齢者介護に対する施策の流れが介護保険制度へと合流していくという過程である。

新しいシステムでは，基本理念に「高齢者の自立支援」を掲げ，「一人暮らしや高齢者のみの世帯の場合であっても，希望に応じ，可能な限り在宅生活が続けられるような生活支援を行っていく」[2]ために，従来医療・保健分野で代替していた介護サービスの部分を医療・保健分野から取り出すという，つまり，社会保障構造改革で述べられたように「介護を医療保険から切り離」し，立ち後れている社会福祉分野を拡充していく仕組みを創設するというものであった。

そして，この新しいシステムでは，従来の措置制度の問題点を改善するため，「高齢者自身による選択」や「利用者本位のサービス提供」[3]の視点が取

図表1　介護保険制度導入以前

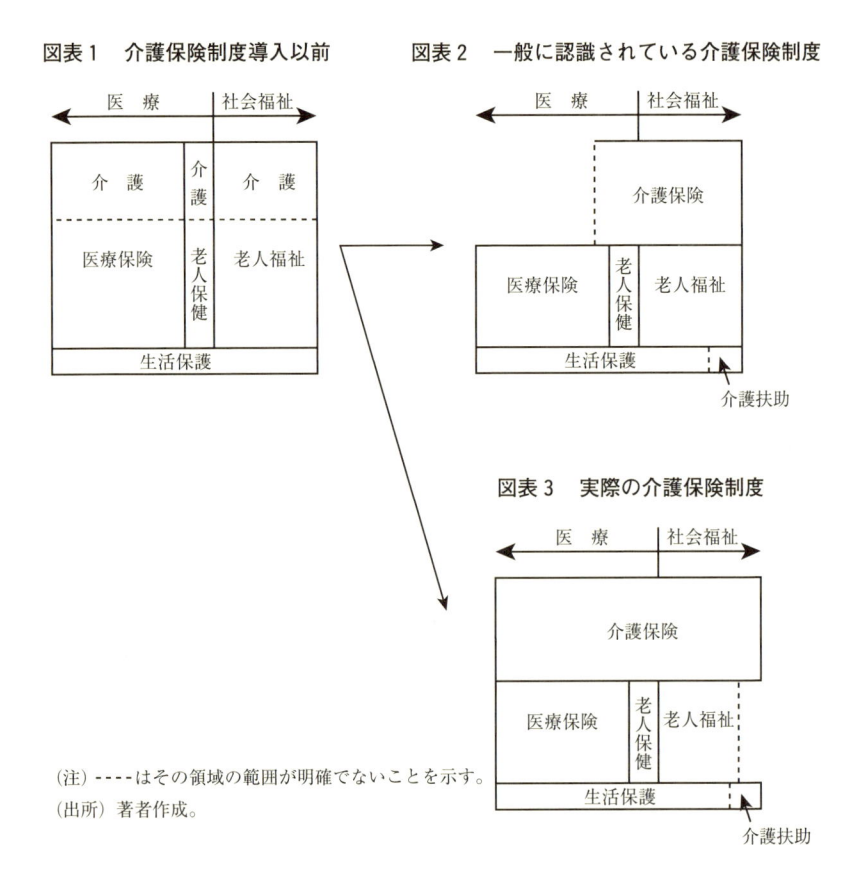

図表2　一般に認識されている介護保険制度

図表3　実際の介護保険制度

（注）----はその領域の範囲が明確でないことを示す。
（出所）著者作成。

り入れられ，それらを実現するための技術として「ケアマネジメント」[4]が導入されることになったのである。ケアマネジメントとは決して新しく登場した概念ではなく，その基礎となるうちのひとつにソーシャルワークも含まれる。そのため，ソーシャルワークとケアマネジメントとの間では重複する部分が多く，本章ではさしあたりケアマネジメントをサービス調整に力点を置いたソーシャルワークのひとつの関連技術として捉えておきたい。そのケアマネジメントでは，「要援護者が地域で生活するためのニーズを充足するために，要援護者と社会資源とをもっとも適切な形で結びつけようとする」[5]

ことが中心となり，ソーシャルワークよりも対人サービスにおける費用対効果に関して「サービスの効率化」の点を重要視しているのが特徴である。このケアマネジメント技術の導入は，ソーシャルワークの視点がさらに活かされる介護サービス体制の提供を目指すものであったともいえるだろう。

さて，このように導入された介護保険制度は，「高齢者の自立支援」，「利用者本位のサービス提供」，「利用者の自己決定や選択の保障」等を掲げた制度であり，これらを実現するためにケアマネジメントの技術が取り入れられたことから，必然的に介護保険制度はソーシャルワークの視点が以前よりもさらに活かされる制度として構築されたと考えてよいであろう。そのため，本制度はケアマネジメント技術を用い，ソーシャルワークの視点から介護サービスの提供が行える仕組みが導入されたと説明され，そのように認識されたようであるが，実は最も注意しなければならないのはこの点である（**図表2**）。

(2) 介護保険制度の本来の姿

実際導入された介護保険制度の内容を浮き彫りにするために，以下の手法として医療保険制度と比較する形で確認してみよう。介護保険制度は，しばしば医療保険制度とよく似た制度であるといわれる。それらは，サービス提供体制，保険者，保険料の賦課・徴収，サービス基準の算定方法，医療・保健関係サービス提供者の見なし指定などの点である。しかし，正確にいえば，医療保険制度と似た制度というよりも，介護保険制度には既存の医療保険制度のシステムを利用して運営する共通部分が存在するため，医療保険制度を基礎とした制度であるといえる。

しかし一方で，介護保険制度には医療保険制度と異なる独自の内容もある。まず，サービス利用に関してである。介護保険制度において，利用者が介護サービスを利用する際には，要支援認定・要介護認定(以下，「要介護認定」とする) を受ける必要がある。医療保険制度では，利用者自身が医療サービ

スの必要性を感じれば，すぐに医療サービスを受けることは可能だが，介護サービスの場合はサービスを利用するまでにどの程度の保険給付で対応してよいかという判定を受けなければならない。

　また，サービス提供主体に関しては，医療保険制度と異なり介護保険制度では多種多様なサービス提供機関を増やすという目的から社会福祉法人，医療法人をはじめとして，営利を目的とする民間企業も参入可能となっている。

　このように，介護保険制度は多くの点で医療保険制度を基礎とする部分がある一方，要介護認定によるランクづけやそれに伴う保険給付の支給限度基準額設定，ケアプランの作成など，独自の仕組みも組み込まれているシステムでもある。したがって，導入された介護保険制度は，あえていえば医療保険制度を基礎としながら，その二階部分に位置づけられる制度といえるのではないだろうか（図表3）。

　ここで再度，一般に認識された介護保険制度と比べてみよう。新しいシステムは，従来の社会福祉分野で行われていたソーシャルワークの視点を活かした介護サービスを提供するはずの制度であった（図表2）。それは本来，日常生活の自立支援を行う社会福祉制度の拡充を目指すものであったといえる。しかし，制度内容を検討してみると，社会福祉制度の拡充ではなく，医療保険制度を基礎としその二階部分に位置づけられる制度[6]であった（図表3）。この認識の大きなズレが，利用者やサービス提供者を混乱させている真の原因であり，本来の介護保険制度の姿をつかめていない根本的理由である。

3　ソーシャルワークの視点が欠如した介護保険制度の諸問題

　では，医療保険制度を基礎とし，その二階部分に位置づけられる介護保険制度では何が問題なのか明らかにしなければならないだろう。そのために，医療サービスとソーシャルワークの三つの視点による介護サービスとの性質

を比較しながら検討してみよう。

　まず,一点目の「日常生活の個人差」に関してである。医療サービスでは,提供目的が傷病の治癒と明確なうえ,さらに「生命の維持」という絶対的基準があり,基本的に個人差は生じない。それに対し,介護サービスの目的は「日常生活の維持・自立支援」といえよう。しかし,利用者ごとに日常生活は異なり,その利用者の生活を豊かにするというサービス提供基準はあいまいで,利用者ごとに個人差が生じやすい。

　そのため,介護サービスが必要な利用者の日常生活を維持・自立支援していくためには,介護サービスの提供がその中心を占めることにはなるが,介護サービスの提供だけで生活課題が解決されるわけではない。つまり,単なる介護サービスの提供では利用者の日常生活の維持・自立支援を行うことができないということである。患者本人に医療サービスを提供し傷病を治療することを目的とする医療とは異なり,介護サービスでは,利用者に実際の介護サービスを提供するだけでは,「高齢者が自らの意思に基づき,自立した質の高い生活を送ることができるよう支援する」[7]ことは難しいのである。必要なのはソーシャルワークの視点から提供される介護サービスであり,それは個人差を考慮しながら日常生活全体を把握し,実際の介護サービスはもとより,関連する医療・保健等サービス,そして,利用者の生活歴や精神状態,所得状況,また家族や周りをとりまく人々との関係なども含めた利用者の生活全般を総合的に支援することが必要である。

　しかしながら,介護保険制度がこの「日常生活の個人差」を取り扱えない仕組みとなっている理由のひとつに要介護認定がある。介護サービスは,「日常生活の維持・自立支援」という点において個人差が生じるものであるため,要介護度のようにサービス利用を標準化することにはなじみにくい。また,医療では病気の程度が「軽い」と判断される方がよく,程度が「軽い」と判断されたからといって,医療サービスの提供が少なくて損をしたという感覚は生じにくい。しかし,介護保険制度では要介護度に応じて利用できるサー

ビス量の上限が決められていること，また各要介護度で利用できるサービス量不足から，要介護認定において「要介護度が高ければよかった，要介護度が低くなって生活に問題が生じた」という，本来の人間の心理とは相容れない根本的な矛盾を抱えている。

　また，利用者本位のサービス提供を行うため導入されたケアマネジメントにおいても，個人差を考慮できないという同様の問題が生じている。介護保険制度において，介護サービス提供の専門家である介護支援専門員（ケアマネジャー）は，ソーシャルワークやケアマネジメントの視点から利用者ごとに柔軟なサービス提供を行うようにケアプランを作成する必要がある。介護保険制度にケアマネジメントが導入されることによって，従来の画一的なサービス提供体制から脱却し，利用者に対して柔軟なサービス提供が行えると期待されていたのであった。しかし，介護保険制度上での「個人差」とは利用者の要介護度や利用者が負担できる自己負担の範囲内においてであり，ケアプランを作成するといっても，要介護度によって決められた保険給付や自己負担できる金額の範囲内に限られている。つまり，介護保険制度は利用者の問題状況の「個人差」を限定的に認めるだけの制度であるといえる。

　さらに，ソーシャルワークの視点からすれば，利用者の生活歴や利用者をとりまく家族などの関係も考慮したうえでケアプランを作成する必要がある。しかし，介護保険制度においては，実際の介護サービスや介護関連医療・保健等サービスの提供にのみ問題を特化し，生活全般の支援のための介護サービス提供以外の部分（生活相談，メンタルサポートなど）は介護報酬で賄われない仕組みである。つまり，ケアマネジャーの力量の問題以前に，「日常生活の維持・自立支援」を行うための個人個人にあった十分なサービス提供を行えない仕組みとなっているのである。

　つまり，介護保険制度自体が本来のソーシャルワークの技術，ケアマネジメント技術を限定的にしか機能させることができない仕組みであり，ケアマネジャーは制度と利用者の生活の狭間で問題を多く抱えている。しかし，介

護保険制度にケアマネジメントが導入されたという事実は，ソーシャルワークの視点から「日常生活の維持・自立支援」を支援するサービスが実質的に制度内に取り入れられたような錯覚を与えてしまったといえよう。

　二点目は，「エンパワメント」の問題である。ソーシャルワークの視点から提供される介護サービスでは，サービス提供者だけでなく，利用者自身も自らの生活を維持し，自立しようと積極的に取り組むことによって，利用者のADLやIADLが向上する場合が多くある。そして，そのことが利用者の日常生活の維持・自立支援のレベルアップにもつながる。しかし，介護保険制度ではサービス単価が時間で区切られている，要介護度ごとに保険給付額の上限が決まっている，サービス利用時間が利用料と直接結びついているなどの理由から，サービス提供者が利用者の潜在的能力を引き出すようなサポートが行えない仕組みとなっている。また，利用者自身の（残存）能力の低下を防ぐ，利用者自身が生活をより豊かなものにしようと積極的に行動するための支援を行うことも難しく，ケアマネジャーも利用者に対してエンパワメントの内容を取り入れたケアプランが立てられない仕組みとなっている。つまり，介護保険制度は，利用者の潜在的能力を引き出すなどのソーシャルワークの機能が働きにくい仕組みといえる。

　最後に三点目として，「潜在的ニーズ発掘と予防」の問題である。医療サービスのニーズは，身体的など目に見える形や症状で現れる。一方，ソーシャルワークの視点による介護サービスは，ニーズが目に見える形で現れることもあるが，目に見える形で現れないケースや，または利用者が自覚していない潜在的ニーズもある。ソーシャルワークの役割には，積極的に潜在的ニーズを発掘することや予防を行うことも含まれており，そのため専門職側からアウトリーチという形で利用者に接近していくことを重要視している。さらに潜在的ニーズとして掘り起こしたものを解決するため，そのニーズを利用者に自覚させ，サービスを利用する方向に気持ちを向かわせる役割も重要である。

介護保険制度では，社会保険方式によりサービス利用に対する権利性が明確になり，自ら要介護認定への手続きを積極的に行うことがニーズ発掘につながると考えられていた。たしかに，このような意識の改革が進められることも一理あるだろう。しかし，それは利用者が積極的に行動する人の場合であって，自らの老いを認めたくない，介護サービス利用に抵抗感をもっている，複雑な生活課題を抱えている等の利用者に対しては，サービスを利用する方向へ導く専門的な支援が必要である。しかし，介護報酬によって事業の運営を行う仕組みである介護保険制度では，多くのケアマネジャーに利益・効率が最優先課題として課される可能性がある。そのような場合は自らの事業者のサービスを活用することにつながる潜在的ニーズの発掘は行うが，自らの機関や施設の利益にならないニーズ発見へのインセンティヴは働きにくいであろう（例えば，インフォーマルなサービス・NPO・ボランティア・民生委員・行政機関などへの連結を行うなど）。そのため，所得の低い者や困難な事例として考えられる者など実際本当にサービスが必要な人に対して，日常生活の自立支援に向けたサービスが提供されない可能性がある。しかし，この問題もケアマネジャーが利益・効率を考えての行動を余儀なくされるという制度上の問題であり，ここでもケアマネジメントがうまく機能しなくなっているのである。

　介護保険制度は，実際のサービス提供という点においては保健・医療・福祉サービスの統一された制度である。しかし，個人差の考慮，エンパワメント，潜在的ニーズの発掘や予防などの視点から介護保険制度を検討してみると，実際の制度ではソーシャルワークの視点からの介護サービスは限定的にしか提供されていないうえ，サービス提供以外の生活相談や精神的サポートなどのサービスが抜け落ち，日常生活を維持・自立支援するという意味での「介護」の範囲は縮小されてしまったといえる（**図表4**）。しかも，ニーズの現れ方やサービス提供基準があいまいなものを対象とする介護サービスを，明確な基準によって対応しようとする医療保険制度を基礎とした制度によっ

図表4　ソーシャルワークの視点による「介護」と介護保険制度による「介護」

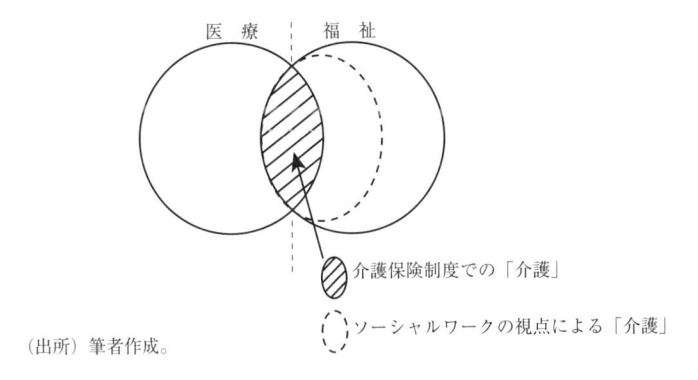

　　　　　　　　　　医　療　　　福　祉

　　　　　　　　　　　　　　　　介護保険制度での「介護」
　　　　　　　　　　　　　　　　ソーシャルワークの視点による「介護」

（出所）筆者作成。

て提供しようとするのであるから，それらの問題が生じるのは当然予想できることである。

4　む　す　び

　これまでまず，介護保険制度が一般に認識されている姿と本来の姿のズレを検証し，介護保険制度の位置づけを明確に行った。その上で，介護保険制度が本来の社会福祉分野で目指してきたソーシャルワークの視点によるサービス提供が行えるのかどうかについて，ソーシャルワーク実践における三つの視点（日常生活の個人差・エンパワメント・潜在的ニーズの発掘と予防）から検討を行ってきた。そこで，このような分析から得られた結論を以下に整理しておこう。

　最も明確にしておく必要があるのは介護保険制度の本質についてであるが，実際導入された介護保険制度は医療保険制度を基礎とする二階部分に位置づけられ，縮小された「介護」サービスを扱う制度だということである。つまり，介護保険制度は，ソーシャルワークの視点からの介護サービスが限定的にしか提供されないサービス提供体制であるといえる。にもかかわらず，

介護保険制度における最大の問題点は，制度設計中や導入される際にバラ色に描かれたシステム像の影響によって，一般に認識されている制度と実際に運営されている制度との間に認識のズレが生じていることである。本書の第2章においては，措置制度と介護保険制度を原理的な面から比較検討したが，その結果介護サービスの質的・量的整備が行われない状況においては，両制度ともさほど優劣の差はなかった。また，第3章においては，具体的に介護保険制度の導入によって，どの程度の介護サービスが保険給付からカバーされることになるのかを，モデルプランやケーススタディからの自己負担費用を試算し検討したが，現在の保険給付額では十分な介護サービスが受けられない可能性も否定できなかった。またさらに，介護保険制度は利用者の選択を重視する契約方式を導入しているにもかかわらず，サービスを選択できるというメリットも所得によって差が生じることになる可能性も含んでいる。
　介護保険制度導入以前の議論は，ともすれば介護保障システムの「理想」であるとして片付けられがちだが，問題なのは「現実」に導入された介護保険制度が，導入以前の「理想」像とは大きく異なるものであることに気がついていないということなのである。そのため，紆余曲折を経て導入された介護保険制度は，実際の制度内において理想と現実との間で大きな障害を抱えている。そして，そのことが利用者やケアマネジャーなど，実際サービスを利用・提供する人々を混乱させているのである。このような介護保険制度のもとで介護サービスを利用し生活の課題が解決する利用者というのは，自らのサービス利用に関して熱心に生活全般を考慮しながらケアプランを立ててくれるケアマネジャーに出会い，生活上で金銭的な問題がなく，自らの望むサービスが近くにあり，それを受けることができる場合だけであろう。
　繰り返しになるが，なぜ介護サービスが必要であるか考えると，それは介護サービスの利用を通して，自らの日常生活を維持し，自立していくためである。そのためには，「縮小」された介護サービス，つまり単なる介護サービスの提供だけでなく，利用者の生活全般を視野に入れた生活支援を行わな

ければ，利用者の日常生活の維持し，その自立を支援していくことは難しい。つまり，ソーシャルワークの視点から介護サービスを提供しなければ，介護サービスを必要とする利用者の自立を支援するという目的は達成することができないのである。

　介護保険制度の今後を占うためにも，この「ズレ」が生じている事実を根幹において理解しておかなければ，再度新しい制度を検討するにしても，介護保険制度を再検討するにしても，また誤った方向に押し進めるおそれがある。必要なことは，介護保険制度が導入以前に謳われた社会福祉の拡充を目指す制度でなく，保険の仕組みに忠実な制度であるとするならばその事実をまず受け止めるべきであろう。そのうえで，介護保険制度から漏れる人々を救う老人福祉・生活保護制度のあり方を再度検討し直さなければならない。介護保険制度の根本的な問題点は，介護保険制度が医療保険制度を基礎とする二階部分に位置づけられ，縮小された「介護」サービスを扱う制度であるという認識が正確になされておらず，実際の制度内容と一般に認識されている制度内容との間に「ズレ」が生じていることである。この点に気づかなければ今後の制度改革はより一層混迷の度合いを増すといえよう。

1）1958年に全米ソーシャルワーカー協会が「社会福祉実践の作業定義」においてソーシャルワークの目的を示しているが，この作業定義からも本稿の三つの視点を導き出せるであろう。つまり，「ソーシャルワークの目的は，a）個人と集団がその環境との間の不均衡からもたらされる問題を確認し，その問題を解決もしくは緩和できるように援助する。b）個人と集団がその環境との間に不均衡が生じる可能性のある領域を確認し，必要な措置をとる。c）以上のような治療的・予防的な目的に加えて，個人，集団，および地域社会のもつ実現可能な能力を探し出し，確認し，強化する」ことである（岡本・小田［1990：28～29］を参照されたい）。
2）高齢者介護・自立支援システム研究会［1995：263］を参照。
3）高齢者介護・自立支援システム研究会［1995：252～262］を参照。また，「利用者主体のサービス」実現のために必要な権利の保障について詳細に検討している久田［1997］，新しい高齢者介護制度下における利用者主体の仕組みとその現状を検討している中野［2002］も参照のこと。

4）ケアマネジメント（ケースマネジメント）の定義については，「ケースマネジメントは，複雑で重複した問題や障害をもつクライエントが適時に適切な方法で必要とするすべてのサービスを利用できるよう保障することを試みるサービス提供の一方法」（ルビン［1997：17］），「多様なニーズをもった人々が，自分の機能を最大限に発揮して健康に過ごすことを目的として，フォーマルおよびインフォーマルな支援と活動のネットワークを，組織し，調整し，維持すること計画する人（もしくはチーム）の活動」（マクスリー［1994：12］），「対象者の社会生活上での複数のニーズを充足されるため適切な社会資源と結びつける手続きの総体」（白澤［1992：11］）などがある。

5）大塚ほか［1994：91］による。

6）岩田［1996］は，精神障害者とその生活の視点からソーシャルワークのアプローチと医療のアプローチの対比を以下のように行っている。

アプローチ構成要素	ソーシャルワークのアプローチ	医療のアプローチ
焦　点	生活	病　気
機　能	その人がその人らしく生きられる生活の実現	病気の治療と改善
サービスの実施者	社会福祉を中心とする生活関連分野	医療機関
サービスの受け手	クライエント	患　者
主　体	クライエント	医療機関
両者の関係	両方向的な関係	一方的な関係

（出所）岩田［1996：179～180］。

7）高齢者介護・自立支援システム研究会［1995：252］を参照のこと。

【参考文献】

相野谷安孝ほか編『介護保険の限界』大月書店，2001年。

池上直己／ジョン・C・キャンベル編著（高木安雄監修・訳）『高齢者ケアをどうするか―先進国の悩みと日本の選択―』中央法規出版，2002年。

伊藤周平『介護保険と社会福祉』ミネルヴァ書房，2000年。

―――『「構造改革」と社会保障―介護保険から医療制度改革へ―』萌文社，2003年。

岩田泰男「精神障害者の現状とソーシャルワーク実践の役割と課題」定藤丈弘・佐藤久夫・北野誠一編『現代の障害者福祉』有斐閣，1996年。

漆博雄編『医療経済学』東京大学出版会，1998年。

大塚達雄ほか編『ソーシャル・ケースワーク―社会福祉実践の基礎―』ミネルヴァ書房，1994年。

大森彌編『高齢者介護と自立支援―介護保険のめざすもの―』ミネルヴァ書房，2002年。

岡本民夫・小田兼三編『社会福祉援助技術総論』ミネルヴァ書房，1990年。

高齢者介護・自立支援システム研究会「新たな高齢者介護システムの構築を目指して」厚生省高齢者介護対策本部事務局監修『新たな高齢者介護システムの確立について―老人保健福祉審議会中間報告―』ぎょうせい，1995年。
白澤政和『ケースマネジメントの理論と実際』中央法規出版，1992年。
白澤政和・橋本泰子・竹内孝仁監修『ケアマネジメント概論』中央法規出版，2000年。
神野直彦・金子勇編『住民による介護・医療のセーフティーネット』東洋経済新報社，2002年。
副田あけみ「ケアマネジメントの問題点と課題」山縣文治編『社会福祉法の成立と21世紀の社会福祉』ミネルヴァ書房，2001年。
ディビット・P・マクスリー／野中猛・加瀬裕子監訳『ケースマネジメント入門』中央法規出版，1994年。
中野いく子「新高齢者介護制度下における『利用者主体』の仕組みとその現状」『老年社会科学』第24巻第1号，2002年。
中村優一・窪田暁子・岡本民夫・太田義弘編『戦後社会福祉の総括と二一世紀への展望Ⅳ　実践方法と援助技術』ドメス出版，2002年。
二木立『介護保険と医療保険改革』勁草書房，2000年。
久田則夫「社会福祉における権利擁護の視点に立つ新たな援助論―『利用者主体のサービス』の実現をめざして―」『社会福祉研究』第70号，1997年。
堀勝洋『現代社会保障・社会福祉の基本問題』ミネルヴァ書房，1997年。
三重野卓・平岡公一編『福祉政策の理論と実際』東信堂，2000年。
山本みどり「ソーシャルワーカーからみた介護支援専門員の現状」『社会福祉研究』第79号，2000年。
A・ルビン「ケースマネージメント」ステファン・M・ローズ編／白澤政和・渡部律子・岡田進一監訳『ケースマネジメントと社会福祉』ミネルヴァ書房，1997年。
渡部律子「利用者主体の高齢者在宅ケアをめぐる課題―ケアマネジャーの仕事をとおしてみる利用者主体ケアのあり方―」『老年社会科学』第24巻第1号，2002年。

第 5 章

2005年介護保険改正と高齢者介護保障政策

1 問題の所在

　介護保険制度は，高齢期における生活不安のひとつである「介護」に対して，これまでの老人福祉分野や老人保健・医療分野から提供されてきたサービスをひとつの制度上へ統合したものである。介護保険制度の創設は，わが国の社会福祉・社会保障政策上において重要な転換点として位置づけられる。そのもっとも大きな理由は，これまでの措置制度を中心とした高齢者福祉制度の仕組みから社会保険方式へ移行されたことと，それに伴う高齢者の被保険者化である。つまり，介護サービスに対する財源に保険料をあて，高齢者はこれまでのサービスを受給するのみの対象からサービスを購入し保険料を負担する主体へと転換したことを意味する。さらに介護保険制度は，利用者負担の応能負担から応益負担への切り替え，制度上での営利企業のサービス提供開始，利用者のサービス選択とケアマネジメント導入といった特徴をもち，これまでと比べてその内容は大きく変化したといえる。
　このような社会福祉・社会保障政策上の大転換と位置づけられる介護保険制度は，制度当初から今もなお積み残された課題はあるとしても，導入時（2000年度末）と2006年度末を比較すれば，要介護認定者数は約1.7倍となりサービス利用は確実に進んでいる。要介護認定者数の増加のみで，サービス利用や介護保険制度全体の成果を判断することはできないが，制度の導入によって介護サービス利用を阻害する要因，例えばサービス利用に対する抵抗

感などは以前より薄れてきたといえるであろう。

　その反面，当然予想できたことであるが，サービス利用の増大に伴う介護保険財政悪化やサービスの質などの問題は明確に現れてきた[1]。介護費用の増大は保険料の上昇を招き，介護保険財政の悪化の原因となっている。また，サービス事業者は，介護報酬の不正受給問題などによって年々指定取消が増加し，新しく導入されたケアマネジメントにおいても，ケアプラン作成過程の問題や各分野との連携の不十分さなど，その問題が浮き彫りになっている。そして，介護保険制度が制度創設当初より抱えている被保険者・受給者の範囲の問題なども解決されないままであるため，介護保険法附則第2条には法施行後5年を目途とし，全般的に検討・見直しを行うことが規定されたのである。

　かくして，新しくまたは水面下から浮上した問題や介護保険制度導入時から積み残されている問題に対応するため，2003年5月から社会保障審議会介護保険部会において介護保険制度改正が検討され，2005年6月22日，改正介護保険法が成立した。この改正は，介護保険制度が施行されてから初めての大きな改正で，その内容も介護保険制度の根本にまで関わるものとなっている。

　そして，今回の改正における見直しの視点の一つとして，「制度の持続可能性の確保」が掲げられた。つまり，介護保険制度をどのように運営すれば，制度が持続するのかといった財政面からの視点である。その背景には，上述したような介護保険財政の悪化による財源調達問題が避けられなくなったことがあげられよう。そのため，今回は見送られたが，保険料の徴収を増やそうという目的から障害者福祉との統合が再び浮上してきたのも事実である。そして，この見直しの視点は，具体的に「給付の効率化・重点化」へと結びつき，サービス体系やサービス利用などへ影響を与えることになった。

　財源調達は当然その制度維持にとって非常に重要なポイントではあるが，結局は利用者にとって不利益となるような，また高齢者の自立支援を行うこ

とが難しい制度を維持し続けてもまったく意味がない。そのため，今回の改正を詳細に吟味し，今後の介護保険制度のあり方を，そして高齢者介護保障政策の方向性をしっかりと見定めることが必要なのである。

そこで，本章の目的は，介護保険制度が導入されて以来の大改正である2005年介護保険制度改正（以下，「2005年改正」とする）の背景と内容を把握し，介護保険制度が改正後どのような姿へと変容したのか，そしてその改正のねらいとは何であったのかを明確にしたい。さらに，この改正が介護保険制度，そして高齢者介護保障政策においてどのような意味をなすのかを考察する。そのため，以下の2点からその目的に迫ってみたい。まず第一に，2005年改正によって介護保険制度がどのように変わったのかを検証するため，改正内容を詳細に確認しよう。その際，改正以前との相違に注意を払いながらその背景を分析することも重要である。そこで，制度改正前後における利用者の状況等を踏まえながらその背景を探り出したい。

第二として，「制度の持続可能性」を高めるために行われた2005年改正によって，いったいどのような影響があったのかを検証し，その深層を明確に描き出したい。そして，2005年改正によって，介護保険制度がどのような方向へ進もうとしているのかを解明し，またそれによって高齢者介護保障政策にどのようなインパクトを与えることになるのかを考察する。このことは，介護保険制度の本来の姿を明確にすることに有益なだけでなく，わが国の高齢者介護保障政策の方向性も明らかになり，今後，国が取り組もうとしている考えを明確にすることにもなるのである。

2　2005年改正の背景とその内容

2005年改正への途であるが，法附則第2条に基づき2003年5月に社会保障審議会介護保険部会での審議が開始され，2004年7月30日に同部会が「介護保険制度の見直しに関する意見」をとりまとめた。その後も被保険者・受給

図表 5 − 1　介護保険法等の一部を改正する法律（概要）

介護保険法附則第 2 条に基づき，制度の持続可能性の確保，明るく活力ある超高齢社会の構築，社会保障の総合化を基本的視点として，制度全般について見直しを行う。

Ⅰ　改正の概要

1　予防重視型システムへの転換
(1) 新予防給付の創設
　要介護状態等の軽減，悪化防止に効果的な，軽度者を対象とする新たな予防給付を創設
　介護予防マネジメントは「地域包括支援センター」等が実地
(2) 地域支援事業の創設
　要支援・要介護になるおそれのある高齢者を対象とした効果的な介護予防事業を，介護保険制度に新たに位置付け

- 軽度者（要支援・要介護 1 ）の大幅な増加
- 軽度者に対するサービスが，状態の改善につながっていない

2　施設給付の見直し
(1) 居住費・食費の見直し
　介護保険 3 施設（ショートステイを含む）等の居住費・食費について，保険給付の対象外に
(2) 低所得者に対する配慮
　低所得者の施設利用が困難にならないよう，負担軽減を図る観点から新たな補足的給付を創設

- 在宅と施設の利用者負担の公平性
- 介護保険と年金給付の重複の是正

3　新たなサービス体系の確立
(1) 地域密着型サービスの創設
　身近な地域で，地域の特性に応じた多様で柔軟なサービス提供が可能となれる，「地域密着型サービス」を創設
　　（例）小規模多機能型居宅介護，認知症高齢者グループホーム，認知症高齢者専用デイサービス，夜間対応型訪問介護等
(2) 地域包括支援センターの創設
　地域におけるⅰ）介護予防マネジメント，ⅱ）総合的な相談窓口機能，ⅲ）権利擁護，ⅳ）包括的・継続的マネジメントの支援を担う「地域包括支援センター」を創設
(3) 居住系サービスの充実
　・ケア付き居住施設の充実　　・有料老人ホームの見直し

- 一人暮らし高齢者や認知症高齢者の増加
- 在宅支援の強化
- 高齢者虐待への対応
- 医療と介護との連携

4　サービスの質の確保・向上
(1) 介護サービス情報の公表
　介護サービス事業者に事業所情報の公表を義務付け
(2) 事業者規制の見直し
　指定の更新制の導入，欠格要件の見直し等
(3) ケアマネジメントの見直し
　ケアマネジャーの資格の更新制の導入，研修の義務化等

- 指定取消事業者の増加など質の確保が課題
- 利用者によるサービスの選択を通じた質の向上
- 実効ある事後規制ルール
- ケアマネジメントの公平・公正の確保

5　負担の在り方・制度運営の見直し
(1) 第 1 号保険料の見直し
　①設定方法の見直し
　　低所得者に対する保険料軽減など負担能力をきめ細かく反映した保険料設定に
　［政令事項］
　　②徴収方法の見直し
　　特別徴収（年金からの天引き）の対象を遺族年金，障害年金へ拡大
　　特別徴収対象者の把握時期の複数回化
(2) 要介護認定の見直し
　・申請代行，委託調査の見直し
(3) 市町村の保険者機能の強化
　・都道府県知事の事業者指定に当たり，市町村長の関与を強化
　・市町村長の事務所への調査権限の強化
　・市町村事務の外部委託等に関する規定の整備

- 低所得者への配慮
- 利用者の利便性の向上
- 市町村の事務負担の軽減
- より主体性を発揮した保険運営

第 5 章　2005年介護保険改正と高齢者介護保障政策

6　被保険者・受給者の範囲　　（附則検討規定）
政府は，介護保険制度の被保険者及び保険給付を受けられる者の範囲について，社会保障に関する制度全般についての一体的な見直しと併せて検討を行い，平成21年度を目途として所要の措置を講ずるものとする。

7　その他
(1)　「痴呆」の名称を「認知症」へ変更 (2)　養護老人ホーム，在宅介護支援センターに係る規定の見直し (3)　社会福祉施設職員等退職手当共済制度の見直し 　　　介護保険適用施設等への公的助成の見直し，給付水準等の見直し

Ⅱ　施行期日　　平成18年4月1日
（7(1)の「痴呆」の名称の見直しについては公布日施行，2の「施設給付の見直し」については平成17年10月施行，5(1)②の特別徴収対象者の把握時期の複数回化については平成18年10月施行）

（出所）厚生労働省監修『平成19年版厚生労働白書』ぎょうせい，2007年，245頁。

者の範囲などについて審議が続き，2005年2月には「介護保険法等の一部を改正する法案」が閣議決定され，その後同法案は通常国会へ提出，同年6月22日成立に至る[2]。

　それでは，2005年改正によって介護保険制度がどのような制度へと変容したのかを分析するため，その改正の背景を意識しながら改正内容を整理しよう。まず，改正の大きな見直しの視点としては，制度の基本理念である「高齢者の自立支援」，「尊厳の保持」を基本とし，①明るく活力ある超高齢社会の構築，②制度の持続可能性の確保，③社会保障の総合化，の三点が掲げられた。この三つの見直しの基本視点をもとに，制度の持続可能性を高めていくために，具体的には五つの項目（①予防重視型システムへの転換，②施設給付の見直し，③新たなサービス体系の確立，④サービスの質の確保・向上，⑤負担の在り方・制度運営の見直し）で制度改正が行われた。そこで，この具体的項目をそれぞれ関連づけながらその内容を整理してみよう。

　まず最初に，制度導入時（2000年度末）と制度改正以前（2004年度末）を比較しながら，利用者の状況をみてみよう。第一号被保険者数は2242万人から2511万人と12％増であるのに対して，要介護認定者数は256万人から409万へと60％増となっており，介護サービスの必要な利用者が著しく増大している。また，第一号被保険者に占める要介護認定者数をみてみると，制度当初は11

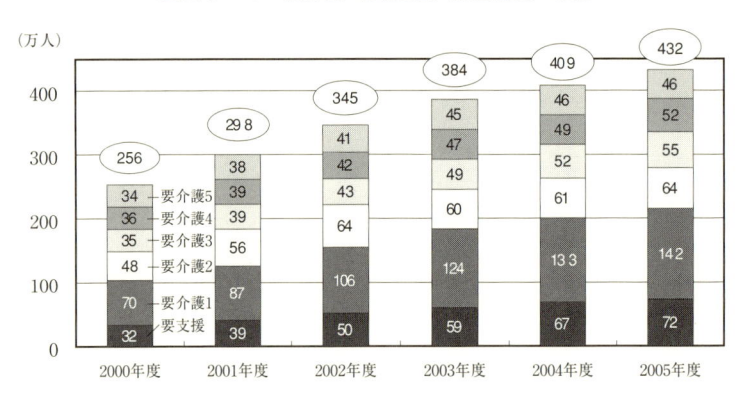

図表 5 − 2　要介護（要支援）認定者数の推移

（出所）厚生労働省「平成 17 年度介護保険事業状況報告（年報）のポイント」
　　　　（http://www.mhlw.go.jp/topics/kaigo/osirase/jigyo/05/dl/01.pdf）

％だったものが16％まで伸びている。次に，要介護認定者数を要介護度別にみてみると，軽度者（要支援・要介護 1 ）が102万人から200万人へと96％増となっており，全体に占める軽度者の割合は40％から49％まで上昇している。重度者（要介護 4 〜 5 ）が27％から23％へ，中度者（要介護 2 〜 3 ）が32％から28％へと減少している状況からみても，軽度者の増大をその特徴として確認しておく必要があろう。つまり，制度導入時からの特徴のひとつとして，利用者の増加，とりわけ軽度者の増加をあげることができる。

　このような特徴を踏まえたうえで，まず第一の改正内容である「予防重視型システムへの転換」をみてみよう。「予防重視型システムへの転換」とは，その名のとおり，高齢者に対して介護が必要にならないよう予防を行い，サービス利用者においては状態を悪化させないようその支援に取り組んでいくことである[3]。しかし，「要介護 2 以上の中・重度に比べて，要支援・要介護 1 の者は要介護度が『改善』した割合が少ない状況にある。特に要支援は，介護保険制度上，『介護が必要となるおそれのある状態』と位置付けられ，保険給付の対象とすることにより，介護が必要となる状態になることを予防

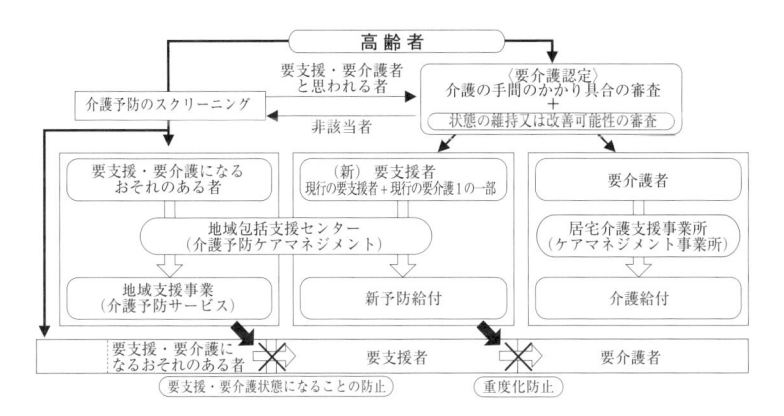

第5章 2005年介護保険改正と高齢者介護保障政策

図表5－3　予防重視型システムへの転換（全体概要）

```
                          高齢者
                 ┌──────────┴──────────┐
                 │                      │
         要支援・要介護者         〈要介護認定〉
         と思われる者           介護の手間のかかり具合の審査
  介護予防のスクリーニング              ＋
                       非該当者    状態の維持又は改善可能性の審査
                 ┌────────────┼────────────┐
         要支援・要介護になる   （新）要支援者        要介護者
          おそれのある者    現行の要支援者+現行の要介護1の一部
                 │            │                   │
         地域包括支援センター              居宅介護支援事業所
         （介護予防ケアマネジメント）         （ケアマネジメント事業所）
                 │            │                   │
         地域支援事業        新予防給付            介護給付
         （介護予防サービス）
                 │            │                   │
         要支援・要介護に ✕   要支援者      ✕     要介護者
          なるおそれのある者
         （要支援・要介護状態になることの防止）（重度化防止）
```

（出所）厚生労働省ホームページ「介護保険制度改革の概要」
　　（http://www.mhlw.go.jp/topics/kaigo/topics/0603/dl/data.pdf）2006年3月発行。

することを目指しているが，所期の効果が得られていない状況にある」[4]との分析からもわかるように，軽度者の増大による保険給付が介護費用の増大を招いている要因のひとつとして考えられる。

　そのため，今回の改正では，健康な高齢者ができる限り要支援・要介護状態にならないように，またこの急増した要支援者・要介護者が重度化しないよう「介護予防」を重視したシステムの確立が目指されたのである。具体的な改正内容としては，地域支援事業・新予防給付の創設である。つまり，地域支援事業によって介護が必要でない高齢者が要支援状態になるのを防ぎ，要支援者になったとしても新予防給付によってそれ以上重度化しないよう支援するというシステムであり，一貫性・連続性のある総合的介護予防システムの確立を目指した。あわせて，新予防給付の創設によって，要介護状態区分がこれまでの「要支援・要介護1～5」の6段階から「要支援1～2・要介護1～5」の7段階へと変更され，新しく「要支援2」が創設された[5]。

　それでは，改正によってサービス内容が変更された新予防給付からみてみ

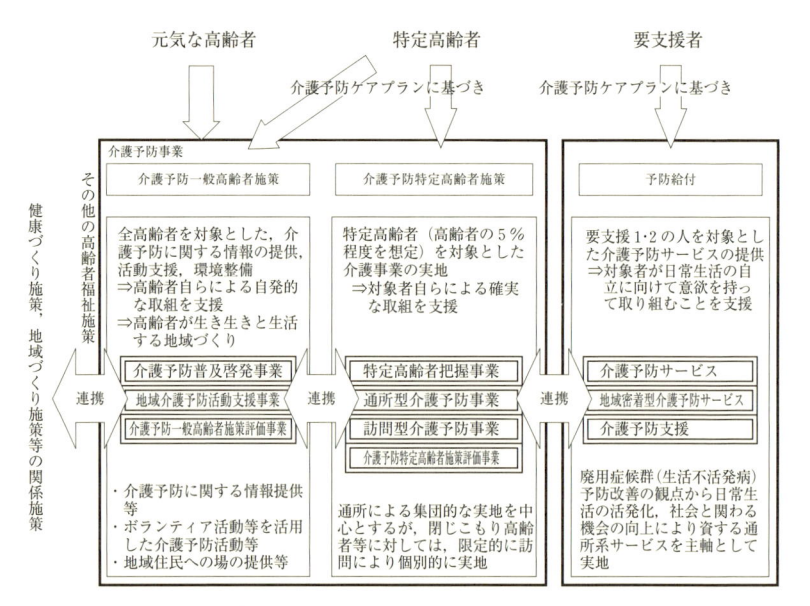

図表5－4　介護予防の事業・サービスと主な対象

元気な高齢者	特定高齢者	要支援者
	介護予防ケアプランに基づき	介護予防ケアプランに基づき

介護予防事業

その他の高齢者福祉施策

介護予防一般高齢者施策	介護予防特定高齢者施策	予防給付
全高齢者を対象とした，介護予防に関する情報の提供，活動支援，環境整備 ⇒高齢者自らによる自発的な取組を支援 ⇒高齢者が生き生きと生活する地域づくり	特定高齢者（高齢者の5％程度を想定）を対象とした介護事業の実施 ⇒対象者自らによる確実な取組を支援	要支援1・2の人を対象とした介護予防サービスの提供 ⇒対象者が日常生活の自立に向けて意欲を持って取り組むことを支援
介護予防普及啓発事業 地域介護予防活動支援事業 介護予防一般高齢者施策評価事業	特定高齢者把握事業 通所型介護予防事業 訪問型介護予防事業 介護予防特定高齢者施策評価事業	介護予防サービス 地域密着型介護予防サービス 介護予防支援
・介護予防に関する情報提供等 ・ボランティア活動等を活用した介護予防活動等 ・地域住民への場の提供等	通所による集団的な実地を中心とするが，閉じこもり高齢者等に対しては，限定的に訪問により個別的に実地	廃用症候群（生活不活発病）予防改善の観点から日常生活の活発化，社会と関わる機会の向上により資する通所系サービスを主軸として実地

健康づくり施策，地域づくり施策等の関係施策

連携　連携

（出所）厚生労働省老健局「地域包括支援センター業務マニュアル」2005年12月19日、141頁。
（http://www.wam.go.jp/wamappl/bb05Kaig.nsf/0/79ea61ddf2ef4633492570dc0029d9a8/$FILE/m-5-1_1.pdf）

よう。新予防給付の対象者は要支援者（要支援1及び要支援2）で，その目的は廃用症候群の予防改善の観点から日常生活の活性化，社会と関わる機会の向上により，利用者が日常生活の自立に向けて，意欲をもって取り組むことへの支援である。具体的には，これまでの既存のサービスについて生活機能の維持・向上の観点から内容・提供方法・提供機関等の見直しが行われた。例えば，要支援者が介護予防訪問介護を利用する場合は，本人が自力で家事等を行うことが困難な場合であって，家族や地域による支え合いや他の福祉施策などの代替サービスが利用できないときであり，介護報酬もこれまでの時間別の評価から月単位の定額報酬へ切り替えられた[6]。また，介護予防の観点からその役割が期待される通所系サービスにおいては，日常生活上の支

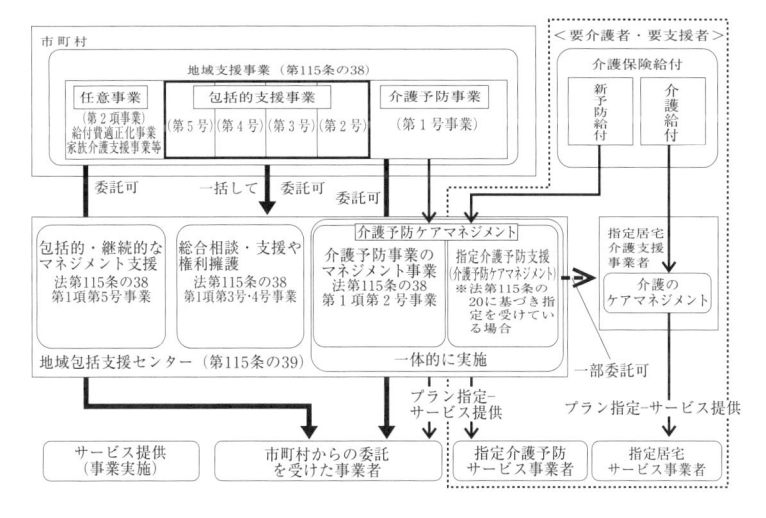

図表5－5　地域支援事業の全体像（イメージ図）

```
市町村
┌─────────────────────────────────────────────┐          ＜要介護者・要支援者＞
│          地域支援事業（第115条の38）              │      ┌──────────────────────┐
│ ┌──────┐ ┌──────────────┐ ┌──────────┐ │      │    介護保険給付           │
│ │任意事業│ │  包括的支援事業  │ │介護予防事業│ │      │ ┌──────┐ ┌──────┐│
│ │(第2項 │ │(第5号)(第4号)  │ │(第1号事業)│ │      │ │新予防│ │介護 ││
│ │事業)  │ │(第3号)(第2号)  │ │         │ │      │ │給付 │ │給付 ││
│ │給付費適│ │              │ │         │ │      │ └──────┘ └──────┘│
│ │正化事業│ │              │ │         │ │      └──────────────────────┘
│ │家族介護│ │              │ │         │ │
│ │支援事業│ │              │ │         │ │
│ │等     │ │              │ │         │ │
│ └──────┘ └──────────────┘ └──────────┘ │
└─────────────────────────────────────────────┘
    委託可    一括して 委託可   委託可
    ↓          ↓              ↓
┌────────┐┌──────────┐┌─────────────────────┐  ┌──────────┐
│包括的・継続││総合相談・支援││  介護予防ケアマネジメント    │  │指定居宅  │
│的なマネジ ││や権利擁護  ││ ┌──────┐┌──────────┐│  │介護支援  │
│メント支援 ││法第115条の38││ │介護予防││指定介護予防││  │事業者   │
│法第115条の││第1項第3号・ ││ │事業のマ││ケアマネジ ││  │┌────────┐│
│38       ││4号事業    ││ │ネジメン││メント(介護 ││  ││介護の  ││
│第1項第5号 ││          ││ │ト事業  ││予防ケアマネ││  ││ケアマネ││
│事業     ││          ││ │法第115条││ジメント)  ││  ││ジメント││
│         ││          ││ │の38第1 ││※法第115条 ││  │└────────┘│
│         ││          ││ │項第2号 ││の20に基づ ││  │         │
│         ││          ││ │事業    ││き指定を受 ││  │         │
│         ││          ││ │       ││けている場合││  │         │
│         ││          ││ └──────┘└──────────┘│  │         │
│ 地域包括支援センター（第115条の39）      一体的に実施          │  │         │
└────────┘└──────────┘└─────────────────────┘  └──────────┘
                                                    一部委託可
                         プラン指定-                プラン指定-サービス提供
                         サービス提供
   ↓              ↓              ↓              ↓
┌────────┐┌──────────┐┌──────────┐┌──────────┐
│サービス提供││市町村からの││指定介護予防││指定居宅   │
│(事業実施) ││委託を受けた││サービス事業││サービス事業│
│         ││事業者    ││者        ││者        │
└────────┘└──────────┘└──────────┘└──────────┘
```

（出所）介護支援専門員テキスト編集委員会『三訂 介護支援専門員基本テキスト』長寿社会開発センター，2006年，215頁を一部修正。

援などの「共通的サービス」と「運動器の機能向上」「栄養改善」「口腔機能の向上」の「選択的サービス」に分けられ，それぞれについて月単位の定額報酬となった。また，要支援状態の維持・改善を指標として目標の達成度に応じた事業所評価を試験的に導入している。

　次に，「予防型重視システムへの転換」においてもうひとつの重要な柱である地域支援事業の内容をみてみよう。この事業は，市町村が責任主体となって要支援状態になる以前から介護予防を推進するとともに，地域における包括的・継続的なケアマネジメント機能を強化する観点から創設された。事業内容は「介護予防事業」，「包括的支援事業」，「任意事業」[7]の三つであり，介護予防事業と包括的支援事業は必須事業である。

　そこで，一つ目の介護予防事業からみていこう。この事業は，公民館や市町村保健センター等において実施（民間事業者に委託も可能）され，大きく二

つの事業(「介護予防一般高齢者施策」,「介護予防特定高齢者施策」)がある。介護予防一般高齢者施策は,全高齢者を対象としたもので,高齢者自らによる自発的な取り組みを支援し,高齢者がいきいきと生活する地域社会の構築を目指したものである。具体的には,介護予防に関する知識の普及や啓発,ボランティア活動等を活用した介護予防活動やその育成等といった内容である。もうひとつの介護予防特定高齢者施策は,要支援・要介護状態に陥る可能性の高い特定高齢者[8](各市町村における第一号被保険者のおおむね5％程度)を対象としたものである。この施策には,「特定高齢者把握事業」「通所型介護予防事業」「訪問型介護予防事業」などがあり,通所による集団的な支援の実施を中心に,閉じこもり高齢者等に対しては訪問により個別的に支援を実施するといった内容である。介護予防事業の財源は,保険料が50％(第一号被保険者19％,第二号被保険者31％)と公費(国25％,都道府県・市町村12.5％)となっている。

　二つ目として,地域支援事業のなかで介護予防事業とあわせて必ず行わなければならない包括的支援事業ついてみてみよう。この事業は,「介護予防ケアマネジメント事業」「総合相談支援事業」「権利擁護事業」「包括的・継続的ケアマネジメント支援事業」からなっており,一括して地域包括支援センターへ委託することができる。

　地域包括支援センターとは,地域包括ケアシステムの整備を進めるための中核機関として新設された。地域包括ケアシステムとは,2003年に高齢者介護研究会が「2015年の高齢者介護—高齢者の尊厳を支えるケアの確立に向けて—」において,高齢者の尊厳を支えるケアの確立への方策として提案されたものである。この地域包括ケアシステムは,「要介護高齢者の生活をできる限り継続して支えるためには,個々の高齢者の状況やその変化に応じて,介護サービスを中核に,医療サービスをはじめとする様々な支援が継続的かつ包括的に提供される仕組み」として位置づけられている。つまり高齢者の尊厳を支えるケアの確立のためには,「介護以外の問題にも対処しながら,

介護サービスを提供するには，介護保険サービスを中核としつつ，保健・福祉・医療の専門職相互の連携，さらにはボランティアなどの住民活動も含めた連携によって，地域の様々な資源を統合した包括的なケア（地域包括ケア）を提供することが必要である」といえるのである。そして，この地域包括ケアが有効に機能するためには，各種のサービスや住民が連携してケアを提供するよう，関係者の連絡調整を行い，サービスのコーディネートを行う機関が必要となり，その役割を地域包括支援センターが担うこととなった[9]。地域包括支援センターの運営主体は，市町村，在宅介護支援センターの運営法人（社会福祉法人・医療法人等），その他の市町村から委託を受けた法人である。職員体制は，保健師，主任ケアマネジャー，社会福祉士の三職種の専門職種またはこれらに準じる者となっている。

では，上述した包括的支援事業の四つの内容を順にみてみよう。まず，介護予防ケアマネジメント事業は，特定高齢者を対象として介護予防事業その他の適切な事業が包括的かつ効率的に実施されるよう必要な援助を行うことを目的としている。具体的には，特定高齢者が要支援状態になることを予防するために，介護予防ケアマネジメントに基づいて介護予防ケアプランを作成することである。その際に，対象者がどのように生活したいかという具体的な日常生活上の目標を明確にし，対象者自身の意欲を引き出しながら自主的に取り組みを行えるような支援を考える必要がある。

続いて，総合相談支援事業であるが，この事業は地域の高齢者が住み慣れた地域で安心してその人らしい生活を継続していくことができるよう，地域における関係者とのネットワークを構築するとともに，高齢者の心身の状況や生活の実態，必要な支援等を幅広く把握し，相談を受けたとき地域における適切な保健・医療・福祉サービス，機関または制度の利用につなげる等の支援を行うことを目的とする。

権利擁護事業は，地域の住民，民生委員，介護支援専門員などの支援だけでは十分に問題が解決できない，適切なサービス等につながる方法が見つか

らない等の困難な状況にある高齢者が，地域において尊厳のある生活を維持し，安心して生活を行うことができるよう，専門的・継続的な視点から，高齢者の権利擁護のため必要な支援を行うことを目的とする。事業内容は，成年後見制度の活用促進，高齢者虐待への対応，困難事例への対応，消費者被害の防止などである。

最後に，包括的・継続的ケアマネジメント支援事業は，高齢者が住み慣れた地域で暮らし続けることができるよう，介護支援専門員，主治医，地域の関係機関等の連携，居宅と施設の連携など，地域において多職種相互の協働等により連携し，個々の高齢者の状況や変化に応じて包括的かつ継続的に支援していくケアマネジメント等を行うことを目的とする。事業内容は，包括的・継続的なケア体制の構築，地域における介護支援専門員のネットワークの活用，日常的個別指導・相談，支援困難事例等への指導・助言である。これら四つの事業からなる包括的支援事業の財政は，第一号被保険者の保険料（19％）と公費（国の40.50％，都道府県・市町村は20.25％ずつ）で構成されている。

このように，予防重視型システムへの転換によって，新予防給付，地域支援事業，地域包括支援センターの創設が行われ，介護保険制度上から提供されるサービスの内容と対象の拡大，そしてサービス提供に関わる仕組みの大幅な改革が行われることとなった。

次に，第二の改正内容として，「施設給付の見直しと地域密着型サービスの創設」をみてみよう。高度成長期以降，わが国の高齢者福祉においては施設サービスに偏りがちであったサービス体制を改め，地域で望む在宅生活ができるような自立支援を行う体制を目指してきた。その理念は介護保険制度にも受け継がれ，介護が必要となっても在宅生活を営めるよう支援できるシステムづくりを実現したのが介護保険制度のはずであった。しかし実際は，居宅サービスの支給限度基準額が低い，食費や居住費が施設サービス利用では保険給付内で支給されるといった理由から，施設サービスを希望する利用者が依然として残る結果となった。また，介護保険財政面からみた場合，施

第5章 2005年介護保険改正と高齢者介護保障政策

図表5-6 小規模多機能型居宅介護のイメージ

基本的な考え方：「通い」を中心として，要介護者の様態や希望に応じて，随時「訪問」や「泊まり」を組み合わせてサービスを提供することで，中重度となっても在宅での生活が継続できるよう支援する。

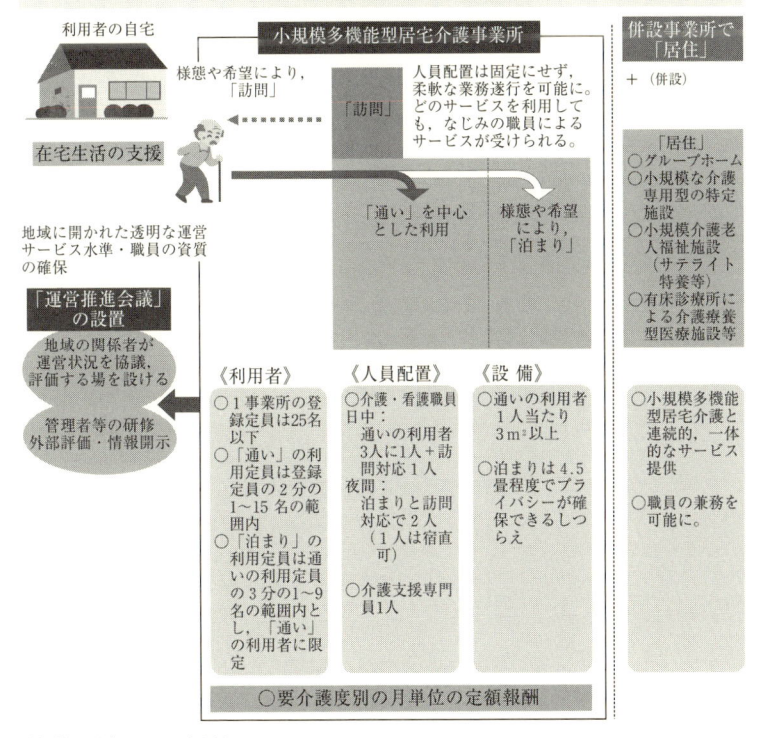

利用者の自宅
様態や希望により，「訪問」
在宅生活の支援

地域に開かれた透明な運営
サービス水準・職員の資質の確保

「運営推進会議」の設置
地域の関係者が運営状況を協議，評価する場を設ける

管理者等の研修
外部評価・情報開示

小規模多機能型居宅介護事業所
「訪問」
人員配置は固定にせず，柔軟な業務遂行を可能に。どのサービスを利用しても，なじみの職員によるサービスが受けられる。
「通い」を中心とした利用
様態や希望により，「泊まり」

《利用者》
○1事業所の登録定員は25名以下
○「通い」の利用定員は登録定員の2分の1～15名の範囲内
○「泊まり」の利用定員は通いの利用定員の3分の1～9名の範囲内とし，「通い」の利用者に限定

《人員配置》
○介護・看護職員
日中：通いの利用者3人に1人＋訪問対応1人
夜間：泊まりと訪問対応で2人（1人は宿直可）
○介護支援専門員1人

《設備》
○通いの利用者1人当たり3㎡以上
○泊まりは4.5畳程度でプライバシーが確保できるしつらえ

○要介護度別の月単位の定額報酬

併設事業所で「居住」
＋（併設）

「居住」
○グループホーム
○小規模な介護専用型の特定施設
○小規模介護老人福祉施設（サテライト特養等）
○有床診療所による介護療養型医療施設等

○小規模多機能型居宅介護と連続的，一体的なサービス提供
○職員の兼務を可能に。

(出所) 図表5-3と同じ。

設サービスが多い地域では保険給付費用が高いという結果も示されている[10]。そのため，2003年には介護報酬の改定が行われ，施設サービスに関する介護報酬に関してはマイナス改定が行われたが効果的な改善はみられず，今回の改正で制度の持続性の観点から施設給付に関する範囲や水準を見直すことが求められた。そこで改正では，居宅サービスと施設サービス間の給付の負担の公平性を確保し，介護保険と年金給付との重複を調整するため施設入所者

の居住費・食費は保険給付対象外とされた[11]。

　また，住み慣れた地域で一人ひとりができる限り生活を続けられるよう，身近な市町村で提供されることが適当なサービスとして「地域密着型サービス」が創設された。地域密着型サービスの特徴をみてみると，①指定権限を市町村に移譲し，その市町村の住民のみがサービス利用可能，②市町村内をさらにこまかく分けた圏域で必要な整備量を定め，地域のニーズに応じたバランスのとれた整備を促進，③地域の実情に応じた指定基準，介護報酬の設定，④指定(拒否)，指定基準，報酬設定に地域住民，高齢者，経営者，保健・医療・福祉関係者等が関与する公平・公正な仕組み，とまとめることができる。

　具体的なサービスは6種類で，①小規模多機能型居宅介護，②夜間対応型訪問介護，③認知症対応型通所介護，④認知症対応型共同生活介護，⑤地域密着型特定施設入所者生活介護，⑥地域密着型介護老人福祉施設入所者生活介護である。このうち，認知症対応型共同生活介護は，改正以前には居宅サービスのひとつとして位置づけられており，また夜間対応型訪問介護はもともと訪問介護で行っている夜間部分を独立させたサービスである。一方，新設された小規模多機能型居宅介護は，「通い」を中心として利用者の様態や希望などに応じ，随時「訪問」や「泊まり」を組み合わせて提供するサービスである。認知症対応型通所介護は，従来の単独型や併設型に加えて認知症

図表5－7　地域密着型サービスの事業者数の変化

	2006年9月30日	2007年4月30日	2007年9月30日
夜間対応型訪問介護	23	86	96
認知症対応型通所介護	2,461	3,087	3,209
小規模多機能型居宅介護	203	703	1,089
地域密着型介護老人福祉施設入所者生活介護	40	61	99
地域密着型特定施設入所者生活介護	24	51	67
認知症対応型共同生活介護	8,587	8,938	9,210

（出所）WAMNET（独立行政法人福祉医療機構）の「介護事業者情報の集計結果」各年をもとに，筆者作成。

高齢者グループホーム等の供用スペースを活用して少人数（3名以下）を受け入れるサービスであるが，従来の単独型や併設型についても定員を10名から12名に拡大した。そして，地域密着型特定施設入所者生活介護とは，有料老人ホームやケアハウスのうち定員30人未満の介護専用型特定施設を，また地域密着型介護老人福祉施設入所者生活介護とは，定員30人未満の介護老人福祉施設を指している。

　以上のような地域密着型サービスの状況をみてみると，最も多い事業者は認知症対応型共同生活介護であり，ついで認知症対応型通所介護である。しかし，夜間対応型訪問介護や地域密着型介護老人福祉施設入所者生活介護，地域密着型特定施設入所者生活介護のサービス数は伸び悩んでいる。

　このように，施設給付の見直しは，介護サービス利用者の自己負担部分を増加させた。また居宅サービスへの流れを改めて作り出すために導入された地域密着型サービスも，そのサービス事業者数は他のサービスとは比べものにならないほど少ない状況である。

　さらに，第三の改正内容として，「サービスの質の確保・向上」をみてみよう。介護保険制度導入前には，「保険あって給付なし」といったサービス量の問題が懸念された。現在は，サービスの内容や地域によって未だ量的に不十分な部分はあるが，訪問介護，通所介護，福祉用具貸与，居宅介護支援事業者においてはある一定の量は確保できている状況である。このように，サービス量の問題は少しずつ改善されてきている面もあるが，やはり劣悪なサービスの提供や不正受給といった事例も増加し，指定取り消しもあとをたたないのが現実である。

　そのため，今回の改正では，介護保険制度導入後，摘発された不正事業者などに対する事後規制ルールを強化する観点から「事業者規制の見直し」が行われ，指定の欠格事由・指定の取り消し要件の追加，6年間ごとの指定の更新制の導入，都道府県がより実態に即した指導監督や処分を行うことができるよう事業者に業務改善勧告，業務改善命令，業務停止命令，当該処分の

公表の権限を追加した。

　また，介護保険制度上でのサービス利用においてその中核的役割を果たすケアマネジメントに関しても，ケアプラン作成過程での問題（高齢者の状況を把握するアセスメントが十分に行われているか，必要なサービスが適切に提供されるような内容になっているのか等），各分野にわたる連携確立の課題（福祉・保健・医療の各分野における十分な連携がとれているか，高齢者の自立支援に向けた総合的なサービス提供が行われているのか等），ケアマネジメントを行う介護支援専門員の職務や能力向上の問題（担当件数が多い，自分自身の能力に対する不安など）が残されていた。そのため，今回の改正では，このケアマネジメントや介護支援専門員に関しても見直しが行われた。具体的に述べれば，軽度の介護予防ケアマネジメントは，市町村の責任のもとに地域包括支援センターにて一元的に実施し，地域包括支援センターにおける包括的・継続的ケアマネジメントの推進を図ることとなった。また，介護支援専門員の資質・専門性の向上の観点から，介護支援専門員の資格の更新制（5年間），更新時の研修の義務化，債務規程の整備と名義貸し等の不正行為に対する対策の強化が盛り込まれた。さらに，介護支援専門員ごとにケアプランをチェックできる仕組みの導入（二重指定制の導入），公正・中立の確保の観点から介護支援専門員の標準担当件数の引き下げ（標準担当件数を50件から35件へ）と多数担当ケースに係る報酬逓減制の導入が盛り込まれた。

　ところで，利用者のサービス選択は介護保険制度だけでなく福祉サービス全般にわたって広がりつつあるが，そのサービス選択を行うひとつの基盤として，「介護サービス情報の公表」の義務化が今回の改正で行われた。これはすべてのサービス事業者に介護サービス情報（介護サービスの内容及び運営状況に関する情報）を都道府県知事または都道府県知事が指定した指定情報公表センターで公開し，利用者がその情報を利用してサービス選択をできるようにする仕組みである。

　最後に第四の改正内容として，「負担の在り方・制度運営の見直し」があ

げられる。これもやはり介護保険財政の悪化に起因しており，第一号被保険者の保険料（全国平均）を各期でみてみると，第1期（2000～2002年度）では2911円／月であったものが，第2期（2003～2005年度）3293円／月，さらに第3期（2006～2008年度）では4090円／月と期間ごとに高くなっている。また保険者の財政安定化を図るための財政安定化基金をみても，借り入れを行っている市町村・広域連合は，2003年度の170団体から2005年度には423団体にまで上り，2005年度では全保険者の25％を占める状況である。そのため，今回の改正では少しでも被保険者の負担能力をきめ細やかく反映した制度とするよう，第一号被保険者の保険料は現行の方式（所得段階別の定額保険料）を原則としつつ，より負担能力にあわせて保険料を負担できるような形へと変更した。つまり，これまでの原則5段階の所得段階ではなく6段階へと変更し，これまでの第2段階のなかでより負担能力の低い層の保険料負担の軽減を図った。あわせて，保険料の徴収方法も変更され，特別徴収の対象を遺族年金，障害年金まで拡大した。さらに，特別徴収の対象者の把握時期をこれまで年1回だったものから複数回（6回）とする，生活保護受給者の保険料の直接納付実施など，保険料の収納率上昇を目指した。

　さらに，市町村の保険者機能強化の観点から，市町村のサービス事業者に対する権限等の見直しを行い，事業者への立入権限等の付与，指定取消要件に該当した事業者の都道府県への通知といった保険者による給付等のチェック機能が強化された。また，新しく創設された地域密着型サービスに対しては市町村が指定・指導監督し，また都道府県の事業者指定にあたっての意見提出などサービス面への関与も可能となった。そして，増え続ける地方自治体の行政事務の軽減と効率化を図るため，行政事務の外部委託に関する規定の整備が行われ，介護支援専門員の試験や研修を受託する機関及び介護サービス情報の調査・公表に関する事務を受託する法人の役職員に対する守秘義務等の規程を改訂した。

　このように，保険者である市町村が介護保険制度を運営するうえで最も懸

念している財政悪化を改善するために保険料徴収方法などを変更し，またサービス事業者の指定・指導監督などサービス面への関与を強めるといった保険者機能の強化を図るための改正が行われた。

3 2005年改正の影響とねらい

(1) 目指された予防重視型システムの実態

　前節でみたように，2005年改正によって介護保険制度は導入当初からの内容を大きく変容させ，今後の方向性をより明確に示すことになった。そこで，改正後の介護保険制度の姿を描き出したうえで，それが保険者，利用者，サービス事業者にどのような影響を与えたのかを検証し，2005年改正のねらいについて考察しよう。

　まず，一つ目として改正によって目指された予防重視型システムの実態について述べよう。先に結論を述べれば，予防重視型システムへの転換により表向きには「介護予防」といった理念は実現化したが，実際は増加した軽度者のサービスを抑制することが目的であり，さらにこれまで公費で行われてきた介護予防・地域支え合い事業等を介護保険制度へ吸収することによって公費負担の削減も可能にしたのである。いいかえれば，2005年改正における最も重要な点は，これまでの介護保険制度に介護予防の考えを取り入れサービス給付することで，対象外であったサービスが介護保険制度へ集められることになった反面，これまで公費で行ってきた介護予防・地域支え合い事業などの介護予防に関する費用にも被保険者の費用を投入することが可能といえるのである。つまり，介護保険制度で支援する高齢者の範囲を健康な高齢者，要支援者，要介護者という三つに区分し，その区分に応じて地域支援事業，新予防給付，介護給付という対応を行うことにしたのである。

　では，なぜこのような状況が生み出されたのであろうか。それは，今回の改正が「制度の持続可能性」を高める観点から「給付の効率化・重点化」を

進めていくというねらいがあったからである。そのため、今回の改正は制度設計当初から目指されてきた「介護予防」が実現するという表向きの認識とは異なり、主に「制度の持続可能性」を高めるという財政的な課題を解決するために行われたものであったということができる。そして実際、新予防給付の対象となった要支援者は、これまでのようなサービスを利用することができなくなってしまった。先にも述べたように、新予防給付における介護予防訪問介護では、「単に生活機能を低下させるような家事代行型の訪問介護については、原則行わない」というサービス利用のしばりが決められ、またサービスを利用できたとしてもその利用回数も制限されたうえ、介護報酬も定額制となった。また、福祉用具貸与においても、一部の例外者を除いて特殊寝台などの貸与が不可能になったのである。

当然、介護予防がうまく機能すれば要支援・要介護状態になる高齢者が減少し、サービス利用も少なくなるため介護費用の抑制につながるということは理解できる。しかし、繰り返しになるが、今回の改正で創設された「新予防給付」「地域支援事業」の主な目的は、軽度者のサービス利用抑制や公費負担削減といった財源問題の側面を重視して取り組まれている内容となっているのである。

(2) 質的側面からみた介護サービスの問題

次に、二点目として介護サービスを質的側面から深く掘り下げてその問題をみてみよう。再度ここで確認しておきたいのは、介護保険制度から提供される介護サービスの内容である。森[2003]で述べたように、本来、介護保険制度から提供されるべき介護サービスは、個々人の差を考慮し、利用者の力を引き出すようなエンパワメントをも行うソーシャルワークの視点からの介護サービスである[12]。つまり、新しい介護保障システムとして導入された介護保険制度は、社会福祉の新たな段階への入口と位置づけられ、それは高齢者の自立支援が行いやすくなる制度、ソーシャルワークの実践が行いやす

くなる制度であると信じられてきた。しかし，実際に導入された制度は，医療保険制度を基礎としてその二階部分に位置づけられる制度であり，「縮小」された介護サービスのみが提供される仕組みであった。このような制度上では，ソーシャルワークの視点による介護サービスの提供は難しい。にもかかわらず，介護保険制度上にケアマネジメントが導入されたことによって，あたかもソーシャルワークの視点による介護サービスの提供が可能となったという錯覚に陥ってしまった。その結果，一般に認識された介護保険制度の姿と実際導入された制度との間で認識のズレが生じたのである。そして，この認識のズレのために利用者だけでなくサービス事業者や介護支援専門員までもが，実際に提供できるサービスと利用者が必要とするサービスの狭間で苦しむ結果となったといえる。

そのうえ，今回の改正においてはこの制度における認識のズレを修正できないまま，さらに事態を混乱させるような状況を引き起こしてしまう。そのひとつは，軽度者のサービス利用抑制と，もうひとつは制度に新しく盛り込まれた権利擁護事業である。

まず，今回の改正によって要支援者が利用できる介護サービスの回数に制限が設けられ，軽度者のサービス利用抑制が行われた。その一方で，新しく追加されたサービスは，通所系サービスにおける運動器の機能向上など身体面からそれぞれの機能を高めることに重点を置いたものであり，この改正ではソーシャルワークの視点から介護サービスを提供することがますます難しくなったといえる。何度もいうように，介護サービス提供の根幹にはソーシャルワークの視点が重要であり，そのサービスは日常生活のなかで利用者の残存能力を維持し，利用者のやる気を引き出させる生活に密着したものなのである。それゆえに，同じ要介護状態であったとしても利用者の精神面などが影響するため個々人の差を考慮することが求められ，またたとえ時間がかかっても一緒に食事を作るといった日常生活においてのリハビリテーションも場合によっては必要なのである[13]。それが，介護保険制度上で必要とされ

ている高齢者の生活支援といえるのではないだろうか。

　このように，今回の改正で制度における認識のズレも修正しないままにサービスやその回数を抑制し，ソーシャルワークの視点からの介護サービス提供がさらに難しくなってしまうことは，たとえ介護予防までサービス範囲を拡大しても，実際の保障内容は低下しているといわざるをえない。これは，「介護予防」という耳ざわりのよい言葉を使用した実質的なサービスの低下といえよう。

　もうひとつ，今回の改正から介護保険制度上に盛り込まれた権利擁護事業についてみてみよう。これは改正以前の介護保険制度では提供されていなかったサービスである。権利擁護事業とは，高齢者の権利擁護の観点から支援が必要と判断された場合の，例えば高齢者虐待や困難事例への対応，消費者被害の防止などに対するサービスである。再度繰り返すが，介護保険制度から提供されるべき介護サービスとは，単なる「介護サービス」だけでなく，高齢者の自立支援を行うためにソーシャルワークの視点から提供される介護サービスであり，そこには生活支援や精神的なサポート（金銭的な問題や高齢者虐待など）が含まれる。しかし，権利擁護などのサービスは，改正以前の介護保険制度において理想としては介護支援専門員の職務とされるが，実際にはうまく機能していなかった。それは，改正以前の介護保険制度において介護支援専門員は利益や効率を考えての行動を余儀なくされ，明確に介護報酬の対象とならないサービスは敬遠されたためである[14]。つまり，ケアマネジメントの機能が限定的にしか働いていないという状況であり，介護支援専門員は制度と利用者の狭間で本来の役割を果たせず，利用者は生活上の課題を抱えていたとしても，その生活に関わる支援がどこからも受けられない状況に陥ってしまったのである。

　このような状況から，今回の改正で権利擁護事業が導入された意味を検討すると，この事業が導入されたという点ではある程度評価に値するといえよう。しかし，詳細にみてみると，実際のサービスは利用者を直接担当してい

る介護支援専門員ではなく，地域包括支援センターにおいて行われることになっている。センターでは，常に利用者の一人ひとりの状況を把握しているわけではなく，また利用者は顔見知りではない社会福祉士などに支援を求めることから意思疎通や信頼関係の形成においても支援がどの程度可能となるのか疑問が残る。また，介護保険制度上に組み込まれた権利擁護事業は，介護支援専門員が地域包括支援センターと機能的に連携をとってその利用者の生活支援を行うことになるが，介護支援専門員が地域包括支援センターへ投げかけなければ利用者の生活課題を拾い上げることができないことも問題である。

　結論としていえることは，今回の改正において，権利擁護事業という高齢者の生活支援に必要なサービスが介護保険制度へ明確に取り入れられたことはある程度評価できるとしても，制度上で機能するには十分整備されておらず，今まで以上に必要なサービスを受けられずに谷間に落ちる高齢者の増大が予測される。これは，導入時のケアマネジメント，そして今回の介護予防と同じように，表向きは導入されたものの実際はうまく機能せず「絵に描いた餅」となってしまう可能性があるといえよう。

(3) 保険者機能と市町村の果たす役割

　三点目として，保険者機能と市町村の果たす役割についてみてみよう。2005年改正によって，地域密着型サービスの指定など市町村の保険者機能は強化された。しかし一方で，これまで公費で行っていた介護予防・地域支え合い事業や高齢者虐待などの支援も介護保険制度へと統合されることになった。これは，高齢者福祉が介護保険制度へと集約されていくことを示し，高齢者福祉の中でさらに介護保険制度の占める割合が拡大されつつあるといえる。

　このような状況のもとで，市町村の最も重要な役割はその利用者が望む生活を送ることができているのかについてその状況をきっちりと把握し，その

実現を保障することにある。しかし現在，市町村は要介護認定によってその利用者がどの要介護状態区分なのかは把握しているが，実際その利用者が自らの望む生活をしているのかについては状況を把握しておらず介護支援専門員に任せきりなのである。

では，こうした状況がなぜ問題なのだろうか。例えば，2007年4月審査分の居宅サービスの支給限度基準額に対する要介護度別の平均利用率を例にとってみよう。サービスの平均利用率は，要介護2～5・要支援1がともに5～6割，要介護1・要支援2が4割となっており，全体的におおむね4～6割程度となっている。この点については今後さらに詳細な検討が必要となってくるが，問題は本当にこの程度のサービス利用で利用者が日常生活を維持できているのかということである。なぜ，利用者は支給限度基準額の上限までサービスを利用していないのか，それはこの程度のサービス利用で生活維持が十分できるからか，それとも何らかの理由でサービス利用に抑制が働いているのか，その背景を探ることが必要である。そしてもし，サービス利用に対して抑制が働いているとするならば，その原因は何なのかを明らかにする必要があるといえよう。このように介護サービスの利用によって，利用者が望む生活を送ることができているのかを把握し，その実現に向けての支援を行うことが最も市町村の行うべきことなのである。

さらに，これまで介護サービス以外の生活課題を抱える利用者は，うまくいけば市町村のソーシャルワーカーへとつなげられたが，今回の改正でまず地域包括支援センターが窓口になる。地域包括支援センターが市町村直営の場合は弊害は少々減るだろうが，一部が社会福祉法人などへ委託されている現状から考えると，このような生活課題を抱えた利用者が市町村へたどり着くまでにはまたひとつ遠回りになり不安が残る。

このように，今回の改正によって，市町村は介護保険制度における保険者としてその地域の実情に応じた制度を作り出すため，その裁量の範囲が広がり保険者機能は強化されることとなった。しかし実際，市町村の果たす役割

は介護保険制度で対応する範囲が拡大すればするほど保険者としての機能のみに集中することになった。その一方で，市町村は高齢者福祉全体を見渡し，高齢者自身の生活支援を全体的に支えていくことからはますます遠ざかることになってしまったのである。

(4) 利用者のサービス選択とサービス事業者の壁

　最後に四点目として，利用者のサービス選択とサービス事業者への影響についてをみてみよう。介護保険制度は，「契約方式」を採用することで利用者のサービス選択を保障する制度である。しかし，現実的に改正以前ではサービス種類ごとの量や地域間で格差があり，自ら望むサービスの種類やサービス事業者を選択することは難しいという問題があった。また，根本的な問題として，要介護認定によって支給限度基準額が設けられているため，1割の利用者負担を十分確保できない利用者は，その基準額の上限までサービスを利用することができない状況が生み出されていた。つまり，自らが望む生活をするために支給限度基準額の上限までサービスを利用しようとしても，自らが負担できる費用の範囲内でしかサービス選択はできず，実際的には金銭的な問題で利用者のサービス選択に格差が生まれることになったのである。

　そして改正後，施設給付の見直し及び介護保険料の増大により自己負担部分が増加することになったため，個々人の金銭面による格差の問題はさらに拡大し，それは利用者のサービス選択に大きな影響を与えた。また，訪問介護や福祉用具などのサービスにおいては要支援者のサービス利用にしばりが強くなり，要支援者は支給限度基準額だけでなくサービス利用自体にも制限が加えられた。さらに，介護老人福祉施設など施設サービスはこれ以上増えない状況のもとで，今後団塊世代が施設サービスの利用を希望してもそれに対応するサービス量を準備することは難しくなった。そのため，今後，施設サービスを選択できない状況が生まれる可能性もあり，それは利用者のサービス選択の権利に制限を設け，居宅サービスを選択するよう強要することに

もなりかねないといえるだろう。このような状況のもとで，本当に利用者が望むサービス選択の保障がなされているといえるのだろうか。

このような利用者のサービス利用やその選択に多くの問題が残されるなかで，サービス事業者の状況をみてみよう。今回の改正における要介護認定の変更で要支援者が増大する一方で，その要支援者の利用するサービスの介護報酬は非常に低く設定されている。もともと，居宅サービスの利用者は軽度者が中心であるため居宅サービスを提供するサービス事業者の経営は厳しい状況であったが，今回の改正で要支援者の介護報酬があまりにも低く設定されたためその経営はますます悪化する一方である。また，地域密着型サービスの介護報酬も低く，思うようにサービス数は伸びない状況である。あわせて，介護支援専門員の標準担当件数が引き下げられ，居宅介護支援事業者の経営も悪化している。このままでは，サービス事業者は経営が成り立たず，介護労働者の労働条件がますます悪くなることは避けられない。サービス事業者は，この介護保険制度のもとでは利益をあげなければその事業を維持することができないため，今後，介護報酬の低い介護予防サービスなどはサービスを提供しなくなる可能性がある。また，介護予防訪問介護などは定額制であるため介護サービスを十分提供しない状況が生み出されることも懸念される。それは，介護保険制度の利点として述べられてきた利用者の「サービスの選択」と「競争によるサービスの質の向上・効率化」が介護保険制度上において実行されない状況を意味するが，これでは事実上措置制度の二の舞になってしまうといえるのではないだろうか。

4 わが国における高齢者介護保障政策の方向性——むすびにかえて

これまで，2005年改正前後の状況を意識しながらその背景を探り，改正の内容を明確にしたうえで改正後における制度の変容を明らかにした。そして，改正による影響とねらいを明確に描き出すことによって，今後の介護保険制

度，さらにはわが国の高齢者介護保障政策がどのような方向へと進もうとしているのかという点に注目してきた。そこで，このような視点からの分析によって得られた結論を以下に整理しておこう。

　第一は，2005年改正において「介護予防」の充実という謳い文句とともに，介護予防・地域支え合い事業や老人保健事業が介護保険制度内に組み込まれることとなったため，高齢者福祉に占める介護保険制度の割合はさらに増すことになった。このような状況は，一見，介護保険制度内で取り扱う介護サービスや対象者の範囲拡大という面で良い方向へ進んでいるようにみえるかもしれないが，財源構成の変化を確認すると，介護保険制度内にこれまで公費のみで行われていたサービスを組み込むことによって，それにまで保険料を充てることが可能となり，実質的に高齢者福祉における公費削減を示しているといえるのである。

　さらに今回の改正では，「制度の持続可能性の確保」という観点から給付の効率化・重点化を進めるため，軽度者に対するサービス利用の抑制に動き出している。このように，利用者に対するサービス利用の抑制を促す仕組みを創設しながら地域支援事業などの介護予防事業までを介護保険制度内で行うことは，被保険者に負担を増大させる一方で，軽度であればそのサービスをほとんど利用することができない状況も生みだしかねない。それは，つまり「負担すれども給付なし」の状態を作り出すことにつながるといえるだろう。

　第二は，介護サービスを質的側面からみると，制度から提供されるサービスについてその認識のズレを修正しないままに今回の改正に至ったため，制度導入時に取り残された介護予防や権利擁護事業などが取り入れられたとしても，制度上の限界によってうまく機能しない状況が懸念されることである。もともと介護保険制度上では「縮小」された介護サービスが提供されており，利用者にとって必要なソーシャルワークの視点による介護サービスは提供されない，また提供されても制度上の限界からうまく機能しないという状況で

あった。しかし，今回の改正では，介護保険制度上で介護サービスだけではなく，介護サービスに関連する高齢者の生活部分での課題（金銭的トラブルや高齢者虐待など）にまでも対応することになっている。

　しかし，それは介護予防と同じく表向きの内容であり，実際，権利擁護事業などの高齢者の生活全体を支援するサービスも制度上での限界から介護保険制度でその機能を発揮することは難しいであろう。そのため，高齢者福祉のなかで介護保険制度の占める割合がますます増加する一方で，高齢者の生活支援サービスは一応存在するにはするが，実際はその機能に疑問が残る状況となってしまい，今後制度間の谷間に落ちる高齢者の増大が懸念される。このような背景には，今回の改正が介護保険制度の財政問題を克服するという面に偏った内容となっているために起きているといえるだろう。

　第三に，このような表面上だけのサービスや対象者の拡大と公費削減による高齢者福祉の縮小は，保険者，利用者，そしてサービス事業者にも大きな影響を与えることとなった。保険者においては，高齢者福祉の領域が段階的に介護保険制度へと取り入れられていくにつれてその業務は介護保険制度の運営が中心となり，それは今回の改正による保険者の機能強化と相まってさらにその傾向は強まったといえる。しかし本来，市町村の最も重要な業務は，介護保険制度の保険者としての運営だけでなく，利用者が地域でサービスを利用しながら望む生活が送れているかについて把握し，それを実現することである。にもかかわらず，介護保険制度上ではその役目が介護支援専門員に任され，市町村は利用者の生活状況を把握しなくなっている。さらに，今回の改正では，利用者，特に軽度者においてはサービス選択が導入当初よりもさらに限定された範囲で行われることになり，その生活維持の問題がますます浮上してくることになるだろう。軽度者を中心として居宅サービスを展開しているサービス事業者においてもその経営が悪化する一方であり，それに伴って介護労働者の労働条件がさらに厳しくなるのは目にみえているのである。

このように，今回の改正によって，介護保険制度からサービスを利用して生活する利用者，利用者の生活支援のためサービス提供を行うサービス事業者，そして制度運営を任されている保険者の市町村，どれをとっても介護保険制度上ではその枠組みやしばりの中で十分に機能できない状況がさらに強くなったということができる。多様なサービス事業者が地域に存在し，利用者が自らの望むサービスの選択を可能とするためには，当然であるが，介護保険制度の枠組みのなかでそれぞれが十全に機能できるように制度改善を行うことが重要なのである。

　第四に，今後のわが国の高齢者介護保障政策の方向性についてである。介護保険制度導入後の高齢者介護保障政策をみたときに，高齢者福祉の中心は介護保険制度へと移行され，2005年改正によってその範囲もさらに拡大されたといえよう。それは，高齢者福祉が介護保険制度へと集約されてきた過程とみることができる。

　そして，社会福祉政策全体をみれば，高齢者から保険料を徴収し，応益の利用者負担を求める介護保険制度が実現されたことによって，わが国の社会福祉政策は一気に公費負担中心で行う体制の方向転換を図ろうとしている。今回の改正では，これまで公費で行っていたサービスが介護保険制度内へ統合されたことからみても，老人福祉法の役割は介護保険制度から漏れた人々を救うための制度として選別主義化し，ますますその範囲は限定されたものになっていくことになり，その傾向は強まっていくと考えられる。

　また，障害者福祉をみると，このような介護保険制度への統合案がたびたび浮上しては先送りされたが，その代替として創設された障害者自立支援法においても市町村を中心とするサービス提供体制の一元化,応益負担の導入，障害程度区分の認定やケアマネジメントの導入といった内容は介護保険制度と同様の仕組みである。また，後期高齢者医療制度においても，新たな社会保険方式を創設し後期高齢者を被保険者として位置づけることは介護保険制度と同じ手法であり，高齢者を制度の支え手として位置づけているのである。

このように，介護保険制度の創設はわが国の高齢者介護保障政策上の出来事だけでなく，社会福祉政策にとっても非常に大きな影響を与えているといえよう。そして，今回の改正によって，その方向性はさらに強まったということができる。この点をしっかりと押さえておくことがまず何よりも大切である。それは，戦後，社会福祉の普遍化を目指し，表向きであったとしてもこれまで制度の充実を図ってきたわが国にとって，今後の社会福祉政策が後退する方向へ向かいつつある決定的な事実として現れているといえるからである。

1) 介護保険制度5年間の状況変化については，森・藤澤・桑原・橋本［2007］を参照されたい。
2) 2005年改正の経緯については伊藤［2005］を参照されたい。
3) ここで確認しておくべきことは，本来，介護保険制度が導入されるときには新しい介護保障システムの基本理念に「高齢者の自立支援」を掲げ，一人暮らしや高齢者のみの世帯の場合であっても，希望に応じ，可能な限り在宅生活が続けられるような生活支援を行えるような制度の設計を目指していたということである。つまり，介護保険制度が導入される当初の議論においても「予防」や「独居」といった視点が盛り込まれていたのである。しかし，現実に導入された制度は「予防」や「独居」といった視点に何ら支援があったわけではなく，本来ならば，その意義や内容が盛り込まれた制度設計を行うべきであったといえる。
4) 高齢者介護研究会［2003］の「Ⅱ　高齢者の課題」を参照のこと。
5) 要支援・要介護認定も変更について，その内容をみてみよう。これまで「要支援」「要介護1」だった要介護状態区分が，改正後は「要支援1」「要支援2」「要介護1」に区分され，新しく「要支援2」という要支援状態区分が登場した。要介護認定における判定の流れはこれまでと同様であるが，一次判定で「要介護1相当」と判定された場合，二次判定の過程において，追加項目（「歩行」「移動」「日中の生活」「外出頻度」「環境・参加の状況等の変化」）・特記事項・主治医の意見書・参考指標の内容から，状態の維持・改善可能性を審査し，要支援2と要介護1へ振り分ける。つまり，新しく見直された要介護認定では，「要介護1相当」については，「その状態の維持または改善の可能性」について追加的な審査・判定を行い，改善可能性の高い人を「要支援2」，改善可能性の低い人を「要介護1」に区分することとなったのである。ここでいう「改善可能性の低い人」とは，疾病や外傷等により心身の状態が安定していない状態の人や認知機能や思考・感情等の障害により，十分な説明を行ってもなお新予防給付の利用にかかる適切な理解が困難な状態の人，また心身の状態は安定しているが，新予防給付の利用が困難な身体の状態にある人といった内容である。

6) 指定介護予防支援事業者による適切なアセスメントにより作成された介護予防サービス計画においては，サービス担当者会議等によって得られた専門的見地からの意見等を勘案しつつ，標準的に想定される1週あたりのサービス提供頻度に基づいて，以下の各区分に位置づけられる。
 イ 介護予防訪問介護費（Ⅰ）1234 単位 要支援1・2で週1回程度（1ヶ月につき）
 ロ 介護予防訪問介護費（Ⅱ）2468 単位 要支援1・2で週2回程度（〃）
 ハ 介護予防訪問介護費（Ⅲ）4010 単位 要支援1・2で週2回を超える程度（〃）
 その際，1回当たりのサービス提供時間については，介護予防サービス計画において設定された目標等を勘案し，必要な程度の量を介護予防訪問介護事業者（地域包括支援センター）が作成する介護予防訪問介護計画に位置付けることになる。なお，要支援1・2については，通院等乗降介助については，算定されない。
7) 地域支援事業の三つ目としての任意事業には，介護給付費適正化事業，家族支援事業などが含まれる。対象者は，被保険者，要介護被保険者を現に介護する者，その他個々の事業の対象者として市町村が認める者で，地域の高齢者が，住み慣れた地域で安心してその人らしい生活を継続していくことができるようにするため，介護保険事業の運営の安定化を図るとともに，被保険者及び要介護被保険者を現に介護する者等に対し，地域の実情に応じた必要な支援を行うことを目的とする。財政構成は，包括的支援事業と同じく，第一号保険者の保険料（19%）と公費（国が40.50%，都道府県・市町村は20.25%ずつ）からなっている。
8) 特定高齢者の選定は，市町村が「特定高齢者把握事業」により行うが，地域包括支援センターに委託も可能である。
9) 地域包括支援センターの業務等については，「地域包括支援センター業務マニュアル」（厚生労働省老健局，2005年12月19日）を参照されたい。また，地域包括支援センターとこれまで地域ケアを支えるために重要な役割を果たしてきた在宅介護支援センターとの関係については，「地域支援事業における在宅介護支援センターの活用―地域包括支援センターと在宅介護支援センターのあるべき関係―」（全国在宅介護支援センター協議会，2005年8月25日）を参照されたい。
10) 厚生労働省［2005：50］において，「施設サービスの利用者等が多い地域は介護費用や保険料が高くなっている」ということが述べられており，「介護保険制度は給付と負担が連動する仕組みとなっており，高齢者1人当たり給付月数が高い地域は第1号被保険者の保険料が高くなることとなり，都道府県別の施設サービス利用率と保険料基準額についても，強い相関関係がみられることとなった」との記述がある。
11) ただし，新しく「補足給付」を創設し，それは所得の低い利用者に対しては過重な負担とならないよう負担限度額を定め，基準費用額と負担限度額を差額を保険給付で行う仕組みとした。
12) 導入された介護保険制度の位置づけについては，森［2003］を参照されたい。
13) たとえ介護支援専門員がソーシャルワークの視点から介護サービスが提供できるようケアプランを立て，訪問介護員がサービス提供の際にそれを実践しようとしても，

介護保険制度は時間ごとに介護報酬が定められ，それが利用者負担と直結していることから，訪問介護員は限られた時間内でサービス提供を行わなければならず，現実的に利用者の残存能力を引き出しつつ支援することは非常に難しい。
14) 今回の改正で行われた介護支援専門員の標準担当件数引き下げによって，居宅介護支援事業者は経営が悪化し，介護支援専門員はますます利益・効率化を意識せざるをえなくなっている。このような状況のなかで，介護支援専門員がこれまで以上に利用者の生活全体の支援を行うことはますます難しくなるといえよう。

【参考文献】

伊藤周平『「改正」介護保険と社会保障改革』山吹書店，2005年。
―――『権利・市場・社会保障―生存権の危機から再構築へ―』青木書店, 2007年。
田近栄治・油井雄二・菊池潤「介護保険制度の持続可能性―国と県レベルの分析―」国立社会保障・人口問題研究所『社会保障制度改革―日本と諸外国の選択―』東京大学出版会，2005年。
古川孝順・副田あけみ・秋元美世『現代社会福祉の争点（下）―社会福祉の利用と権利―』中央法規出版，2003年。
増田雅暢『介護保険見直しの争点―政策過程からみえる今後の課題―』法律文化社，2003年。
森詩恵「ソーシャルワークの視点からみた介護保険制度の位置づけとその諸問題―日常生活の維持・自立支援を視野に入れた介護サービスの提供に向けて―」『雇用関係の変貌』（社会政策学会誌第9号）2003年。
―――「高齢者介護保障政策の萌芽とその発展」玉井金五・久本憲夫編著『高度成長のなかの社会政策―日本における労働家族システムの誕生―』ミネルヴァ書房，2004年。
森詩恵・藤澤宏樹・桑原武志・橋本理「保険者からみた改正介護保険制度の現状と課題」『大阪経大論集』第58巻第1号，2007年。
山田誠『介護保険と21世紀型地域福祉―地方から築く介護の経済学―』ミネルヴァ書房，2005年。
厚生労働省編『平成17年版厚生労働白書』ぎょうせい，2005年。
高齢者介護研究会「2015年の高齢者介護―高齢者の尊厳を支えるケアの確立に向けて―」2003年。
全国在宅介護支援センター協議会「地域支援事業における在宅介護支援センターの活用―地域包括支援センターと在宅介護支援センターのあるべき関係―」2005年。
『介護保険制度の見直しに向けて―社会保障制度審議会介護保険部会報告・介護保険4年間の検証資料―』中央法規出版，2004年。

補論1

2005年介護保険改正後のケアマネジメントの状況とその課題
大阪府内の介護支援専門員に対するアンケート調査をもとに

1 問題の所在

　介護保険制度は，「介護の社会化」を実現し高齢者の自立支援を行う制度として2000年に導入された。この制度の特徴の一つには，利用者の意向を尊重する利用者本位のサービス利用体系があげられ，そのために必要な技術としてケアマネジメントが取り入れられることになった。そして，このケアマネジメント技術を駆使して，利用者が自らが望む生活を実現するため，多種多様なサービスのなかから利用者の意向に沿ったサービス利用計画を組み立てる専門職として介護支援専門員の資格が新設された[1]。

　しかし，実際に介護保険制度上でケアマネジメントがうまく機能しているかといえば，それは未だ途半ばといってよいだろう。その理由の一つは，第4章・第5章で述べたように，介護保険制度がソーシャルワークの視点から介護サービスを提供できる仕組みとなっていないという根本的な問題が存在しているためである。そして，この根本的問題を解決しないままに介護保険制度導入後初の大改正となる2005年改正が行われ，今まで以上に介護保険制度の本質がみえなくなってしまったためである。

　とはいえ，このケアマネジメントや介護支援専門員に関しては，少しでもその支援が行いやすい環境，少しでも早く利用者本位のサービス利用体系を確立するため，2005年改正よりも以前の2003年の介護報酬改定時においても

若干の変更が行われている。その内容は，ケアマネジメントに対する介護報酬の統一化（それまでは要介護度別の3段階で介護報酬が決定），運営基準減算の新設（ケアプランを利用者に交付していない，月1の居宅訪問やサービス担当者会議の開催を行っていない場合などを所定単位数の70％に算定する仕組みの導入），訪問介護サービスと同様の地域差の導入である。

　しかし，この改正によっても，介護支援専門員の中立性・公平性の問題や適正なケアマネジメント実施には不安が残り，2004年に社会保障審議会介護保険部会がまとめた介護保険4年間の検証資料「介護保険制度の見直しに向けて」においても，ケアマネジメントは「体系的な見直しが必要である」と述べられている。現状としては，介護支援専門員が利用者増大に伴い担当件数が多くなっていることや本来なら市町村が積極的に関与すべき支援困難ケースを抱え込んでいるといったことから，あまりにも多忙となっている状況が問題点としてあげられている。そのため，介護支援専門員が本来の職務に十分な時間が投入できないといった状況を生みだしている。また，軽度者の支援に関しては，必ずしも要支援・要介護状態の維持や改善につながるようなケアプランの作成が行われていないことも問題点として浮上していた。

　このような状況を踏まえて2005年改正は行われたが，改正の内容については第5章で詳細に述べているためここでは簡単にふれることにしたい。この改正では，その一つの柱である「サービスの質の確保・向上」において，ケアマネジメントや介護支援専門員に関する見直しが行われた。その内容は，①包括的・継続的ケアマネジメントの推進（軽度者のマネジメントの適正化，地域包括支援センターの創設），②介護支援専門員の資質・専門性の向上（資格の更新制，二重指定制の導入，研修の義務化・体系化，主任ケアマネジャーの創設），③公正・中立の確保，プロセスの重視（介護支援専門員の標準担当件数の引き下げと多数担当ケースに係る報酬逓減制の導入[2]，業務を反映した要介護度別の報酬，初回時の評価など），とまとめられよう。

　このように，介護保険制度の目玉として取り入れられたケアマネジメント

や介護支援専門員に対しての制度改正は，大なり小なり繰り返されているにもかかわらず，未だ確立したものとはなっていない。介護報酬ひとつをみても改正のたびに大幅な変更が行われ，その抜本的な解決には至っていないというのが現状である。そのため，制度導入後10年を迎えるにあたっても今なお，介護支援専門員はその職務内容も不明確なまま日々の多忙な業務に追われ，利用者と制度との狭間で苦しんでいる状況なのである。

そこで，本稿では2005年改正後のケアマネジメントや介護支援専門員，さらに居宅介護支援事業所の現状を把握するために大阪府内の介護支援専門員に行ったアンケート調査を分析し，今後の検討課題を明らかにしたい。介護支援専門員や居宅介護支援事業所に対する実態調査は，制度導入後いくつもなされているが（岩手県[2003]，岡山県[2004]，群馬県[2004]，東京都[2004]，全国介護支援専門員連絡協議会[2004]，三菱総合研究所[2004]など），同様の実態調査を踏まえた2005年改正の評価に関する先行研究はみあたらない。そのため，本稿が2005年改正の評価分析を行うにあたっての一つの基礎資料としても非常に重要な意味をもつといえよう。そして，このような現状分析を踏まえて，ケアマネジメントや介護支援専門員・居宅介護支援事業所を中心に今後の介護保険制度のあり方を模索したい。

また，介護支援専門員に対する実態調査を行った理由は，先にも述べたように，一つは2005年改正後の介護支援専門員や居宅介護支援事業所が置かれている状況を把握することもあるが，もう一つは介護支援専門員からみた利用者の生活状況を探り出すためでもある。利用者の生活状況を明らかにするには利用者自身へのアンケート調査も重要であるが，専門職からみた利用者の状況を分析することも非常に有効なのである。

2　研　究　方　法

本稿で使用するアンケート調査の対象者は，2007年2月4日現在，

WAMNET（独立行政法人福祉医療機構が運営している福祉・保健・医療の総合情報サイト）の「介護事業者情報」において公開され，現在サービス提供を行っている大阪府内の居宅介護支援事業所管理者（2631事業所）である。調査方法は，自記入式アンケートを郵送で送付し，同様に郵送で回収した。調査期間は，2007年2月13日から2月28日までの16日間で，配布数は2631票でうち転居先不明等で返送されたのは23票であった。そして，回収数は822票，うち有効回収票は816票で，回収率は31.0%であった。

　調査項目は，①居宅介護支援事業所の状況（法人種別，事業所設置形態，介護支援専門員の専門職数），②介護支援専門員の職務とその状況（ケアプラン作成件数とその状況，利用者のサービス選択に関する支援の姿勢，ケアプラン作成の状況，処遇困難な事例，介護支援専門員の職務や勤務上の悩み），③2005年改正の状況（ケアプラン作成状況，特定事業所集中減算への対策，利用者の受け入れ姿勢，地域包括支援センターへの期待，介護支援専門員の標準担当件数や介護報酬，居宅介護支援事業所の経営状況と今後の対応，利用者の改正に対する理解）など，大きく三つの項目にそって質問した。居宅介護支援事業所の状況や介護支援専門員の職務については，岩手県［2004］，岡山県［2004］，東京［2004］，三菱総合研究所［2004］，の先行研究を参考に作成し，2005年改正後に関する調査項目は，2005年改正内容にそって独自で作成した。ケアプラン作成件数やケアプラン作成状況は，調査期間直前月であった1月の状況について調査した。

　アンケート調査においては，個人や事業所等の情報は絶対に漏らさぬよう万全の体制をとり，プライバシー保護には最善の注意を払い，倫理面での配慮は十分に行った。また，アンケート対象者にはその旨をアンケート配布時に説明文にてお伝えした。

3 大阪府内の介護支援専門員に対するアンケート調査結果

(1) 回答者の基礎属性

男女別では,「女性」が595人(72.9%),「男性」が216人(21.6%)となっており,女性が約7割を占めている。年齢は,「40歳代」が254人(31.1%)と最も多く,ついで「50歳代」が244人(29.9%),「30歳代」が230人(28.2%)の順となっている（図表1）。また,介護支援専門員を主な基礎資格でみると,「介護福祉士」が274人(33.6%)と最も多く,ついで「看護師・准看護師」の224人(27.5%)となっている（図表2）。そして,介護支援専門員の資格取得年数では,「7年以上8年未満」が154人(18.9%)と最も多く,ついで「6年以上7年未満」が133人(16.3%),「3年以上4年未満」が120人(14.7%)となっている（図表3）。

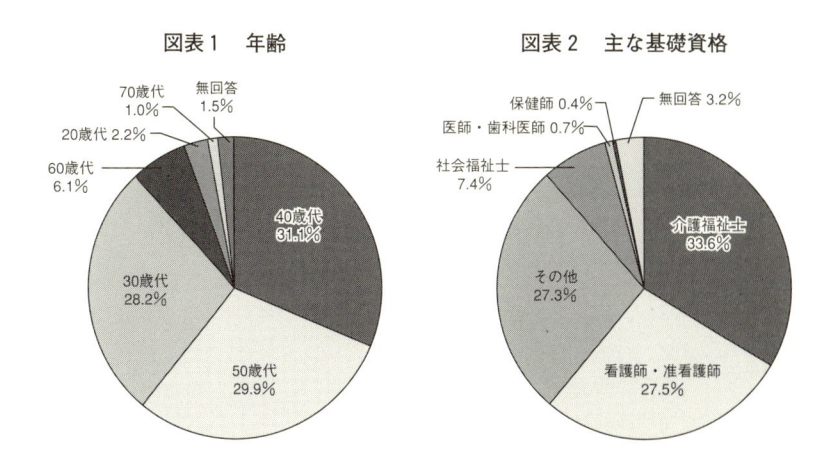

図表1　年齢

図表2　主な基礎資格

(2) 居宅介護支援事業所の状況

介護支援専門員が所属する居宅介護支援事業所を法人種別でみると,「営利法人」が386事業所（47.3%）と最も多く,ついで「社会福祉法人（社協を除く)」が168事業所（20.6%),「医療法人」が145事業所（17.8%）である（図表

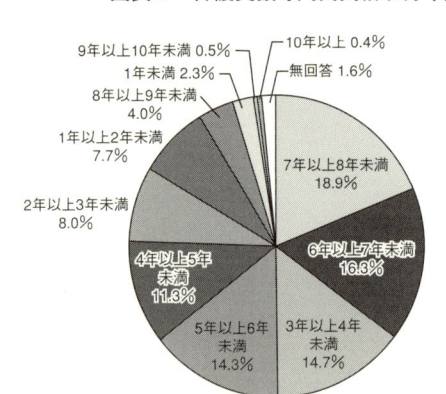

図表3　介護支援専門員資格取得年齢

- 7年以上8年未満　18.9%
- 6年以上7年未満　16.3%
- 3年以上4年未満　14.7%
- 5年以上6年未満　14.3%
- 4年以上5年未満　11.3%
- 2年以上3年未満　8.0%
- 1年以上2年未満　7.7%
- 8年以上9年未満　4.0%
- 1年未満　2.3%
- 9年以上10年未満　0.5%
- 10年以上　0.4%
- 無回答　1.6%

4）。居宅介護支援事業所の形態は，「併設型」が609事業所（74.6%），「単独型」が163事業所（20.0%）であった[3]。また，居宅介護支援事業所に勤務している介護支援専門員数は，常勤の場合，最も多いのが「1人」の306事業所（37.5%），ついで「2人」が201事業所（24.6%），「3人」が110事業所（13.5%）で，最少人数は0人，最大人数は27人であった（**図表5**）。非常勤の場合は，「0人」が510事業所（62.5%）と最も多く，「1人」が178事業所（21.8%）で，最少人数は0人，最大人数は10人であった（**図表6**）。

(3) ケアプラン作成の状況

　介護支援専門員1人当たりのケアプラン平均作成件数をみると，最も多いのが「20件以上30件未満」の263人（32.2%），ついで「30件以上40件未満」が244人（29.9%），「10件以上20件未満」が134人（16.4%）であり，最大件数は58件であった（**図表7**）。また，事業所内の介護支援専門員で最もケアプラン作成件数が多いのは「30件以上40件未満」が311人（38.1%），ついで「20件以上30件未満」が153人（18.8%），「40件以上50件未満」が110人（13.5%）であり，最も多い作成件数は75件であった。一方で，事業所内の介護支援専門員で最

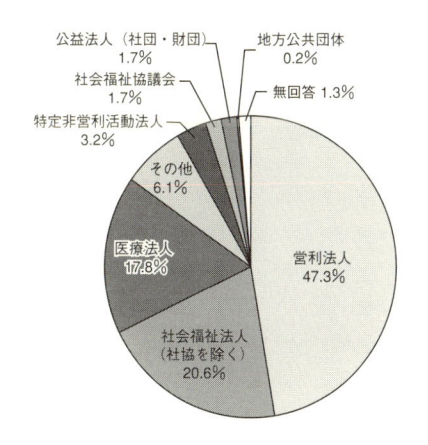

補論1　2005年介護保険改正後のケアマネジメントの状況とその課題

図表4　法人種別

公益法人（社団・財団） 1.7%
地方公共団体 0.2%
社会福祉協議会 1.7%
無回答 1.3%
特定非営利活動法人 3.2%
その他 6.1%
医療法人 17.8%
営利法人 47.3%
社会福祉法人（社協を除く） 20.6%

図表5　常勤の人数

人数（人）	0	1	2	3	4	5	6	7	8	9	10	11	17	20	27	無回答
割合（%）	2.8	37.5	24.6	13.5	7.7	4.4	1.5	2.1	1.0	0.2	0.9	0.4	0.1	0.1	0.1	3.1

図表6　非常勤の人数

人数（人）	0	1	2	3	4	5	6	7	10	無回答
割合（%）	62.5	21.8	6.5	2.7	1.1	0.7	1.0	0.2	0.1	3.3

もケアプラン作成件数が少ないのは「10件未満」が198人（24.3%），ついで「10件以上20件未満」が156人（19.1%），「20件以上30件未満」が154人（18.9%）となっている（図表8）。

次に，ケアプラン作成に関して平均的な対応状況をみれば，「利用希望者全員に対応でき，居宅サービス計画を作成できた」が431人（52.8%）と最も多く，ついで「利用希望者全員に対応できたが，利用者の都合（施設希望など）で相談のみに終わったケースもあった」が289人（35.4%）であった[4]（図表9）。

143

図表7　ケアプラン平均担当件数

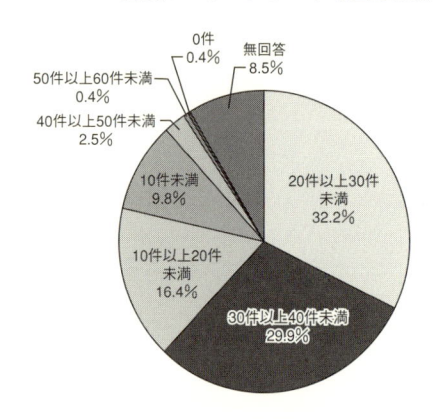

- 0件 0.4%
- 無回答 8.5%
- 50件以上60件未満 0.4%
- 40件以上50件未満 2.5%
- 10件未満 9.8%
- 20件以上30件未満 32.2%
- 10件以上20件未満 16.4%
- 30件以上40件未満 29.9%

図表8　ケアプラン作成件数の最大・最小

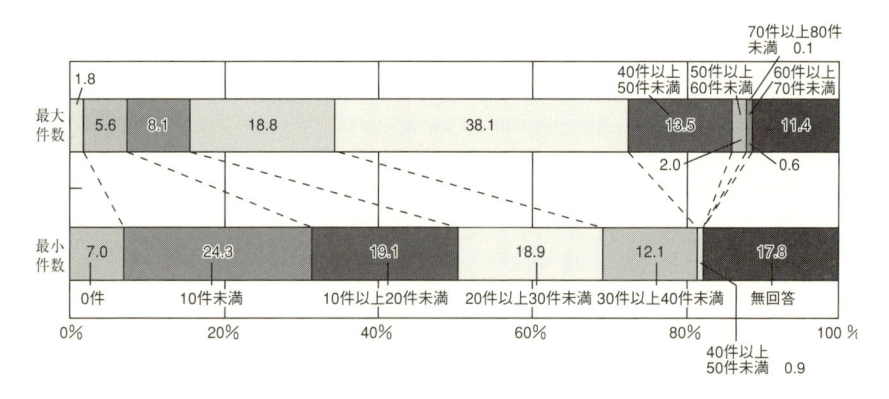

	0件	10件未満	10件以上20件未満	20件以上30件未満	30件以上40件未満	40件以上50件未満	50件以上60件未満	60件以上70件未満	70件以上80件未満	無回答
最大件数	1.8	5.6	8.1	18.8	38.1	2.0	13.5	0.6	0.1	11.4
最小件数	7.0	24.3	19.1	18.9	12.1	0.9				17.8

またほんの少数ではあるが、「利用希望者全員には対応できなかったので、他の居宅介護支援事業所を紹介した」は31人（3.8%）、「利用希望者全員には対応できなかったが、必要な措置を講じなかった」は1人（0.1%）であり、その理由として最も多かったのが「介護支援専門員の標準担当件数を超えた」が32人中16人（50.0%）、ついで「通常の事業の実施地域以外の利用者だった」が32人中6人（18.8%）であった（複数回答）。

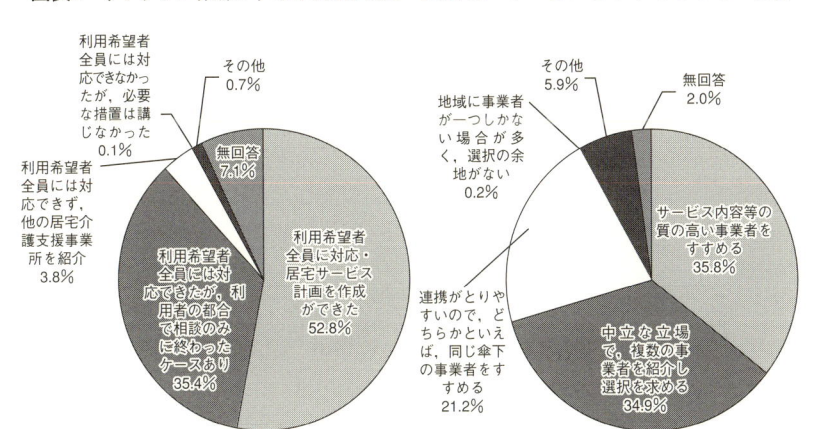

補論 1　2005年介護保険改正後のケアマネジメントの状況とその課題

図表9　ケアプラン作成の平均的な対応状況　　図表10　サービスをすすめるときの姿勢

図表9（円グラフ）:
- その他 0.7%
- 無回答 7.1%
- 利用希望者全員には対応できなかったが，必要な措置は講じなかった 0.1%
- 利用希望者全員には対応できず，他の居宅介護支援事業所を紹介 3.8%
- 利用希望者全員には対応できたが，利用者の都合で相談のみに終わったケースあり 35.4%
- 利用希望者全員に対応・居宅サービス計画ができた 52.8%

図表10（円グラフ）:
- その他 5.9%
- 無回答 2.0%
- 地域に事業者が一つしかない場合が多く，選択の余地がない 0.2%
- 連携がとりやすいので，どちらかといえば，同じ傘下の事業者をすすめる 21.2%
- 中立な立場で，複数の事業者を紹介し選択を求める 34.9%
- サービス内容等の質の高い事業者をすすめる 35.8%

　そして，利用者にサービス事業者をすすめるときの姿勢をみてみると，最も多かったのは「サービス内容等の質をみて，質の高い事業者をすすめる」が292人（35.8%），ついで「まったく中立な立場で複数の事業者を紹介し選択を求める」が285人（34.9%），そして「連携がとりやすいので，どちらかといえば，同じ傘下の事業者をすすめる」が173人（21.2%）であった（**図表10**）。

　つづいて，利用者の心身の状況に応じて必要なサービスを提供できるケアプランの作成が可能となっているかについては，「必要なサービスの種類・回数が全員満たされる結果となった」が最も多く348人（42.6%）である一方，「必要なサービスの種類は満たされたが，回数は満たされない計画となった利用者があった」が252人（30.9%），「必要なサービスの種類・回数が満たされない利用者があった」が146人（17.9%）であった。

　そしてその中で，ケアプランがうまく立てられなかった理由として，最も多かったのは「利用者がサービス利用に抵抗感を感じ，積極的に利用しようとしなかった」が398人中184人（46.2%），ついで「支給限度基準額の上限までサービスを利用しても，必要なサービスが足りなかった」が398人中168

図表11 ケアプランをうまく立てられなかった理由（複数回答）

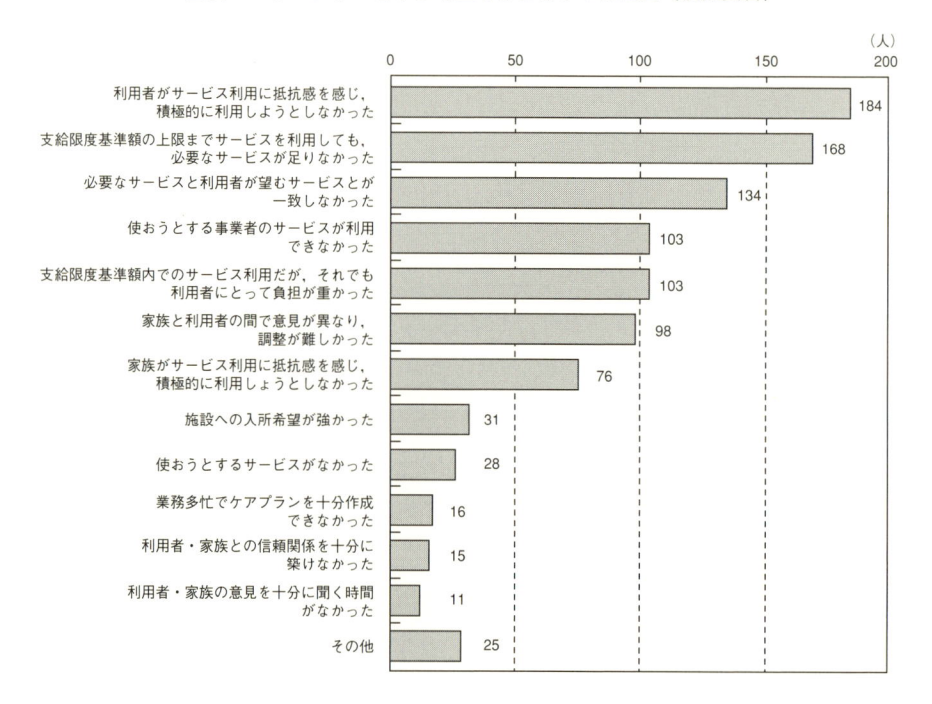

理由	人数
利用者がサービス利用に抵抗感を感じ、積極的に利用しようとしなかった	184
支給限度基準額の上限までサービスを利用しても、必要なサービスが足りなかった	168
必要なサービスと利用者が望むサービスとが一致しなかった	134
使おうとする事業者のサービスが利用できなかった	103
支給限度基準額内でのサービス利用だが、それでも利用者にとって負担が重かった	103
家族と利用者の間で意見が異なり、調整が難しかった	98
家族がサービス利用に抵抗感を感じ、積極的に利用しょうとしなかった	76
施設への入所希望が強かった	31
使おうとするサービスがなかった	28
業務多忙でケアプランを十分作成できなかった	16
利用者・家族との信頼関係を十分に築けなかった	15
利用者・家族の意見を十分に聞く時間がなかった	11
その他	25

人 (42.2%)，「必要なサービスと利用者が望むサービスとが一致しなかった」が398人中134人 (33.7%) であった[5]（**図表11**，複数回答）。

さらに，「利用者のニーズが満たされなかった場合の主な対応」については，「他のサービスの種類をすすめた」が353人中125人 (35.4%) と最も多く，「計画に組み込むことをあきらめた」「同じサービスの他の事業者を紹介した」がともに353人中101人 (28.6%) であった（複数回答）。

（4）ケアプラン作成と利用者

介護支援専門員からみた利用者に関して困ったことでは、最も多いのは「利用者や家族が介護支援専門員の職務外の問題を抱えている」が580人 (71.1%)，

補論1　2005年介護保険改正後のケアマネジメントの状況とその課題

図表12　利用者に対して困ったこと（複数回答）

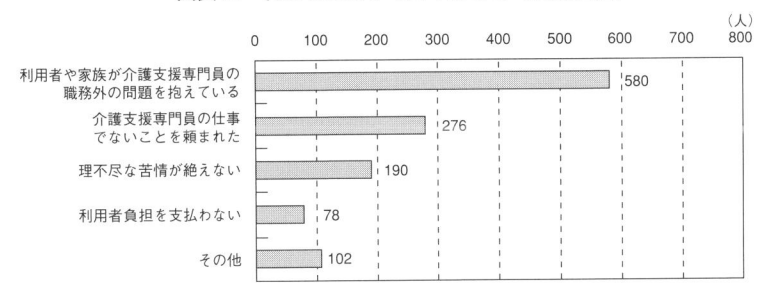

- 利用者や家族が介護支援専門員の職務外の問題を抱えている：580
- 介護支援専門員の仕事でないことを頼まれた：276
- 理不尽な苦情が絶えない：190
- 利用者負担を支払わない：78
- その他：102

図表13　処遇が困難だと感じる利用者（複数回答）

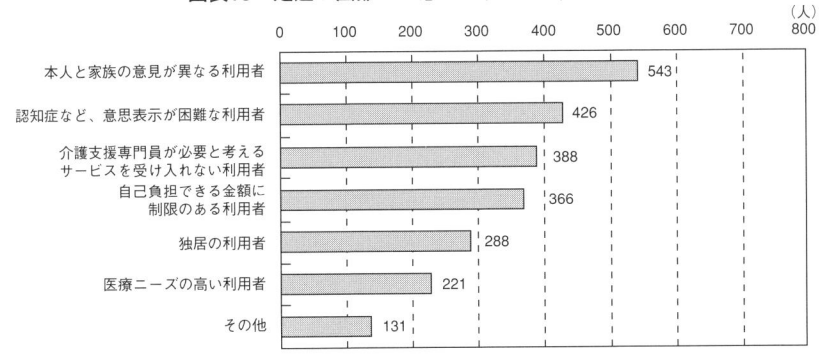

- 本人と家族の意見が異なる利用者：543
- 認知症など、意思表示が困難な利用者：426
- 介護支援専門員が必要と考えるサービスを受け入れない利用者：388
- 自己負担できる金額に制限のある利用者：366
- 独居の利用者：288
- 医療ニーズの高い利用者：221
- その他：131

ついで「介護支援専門員の仕事ではないことを頼まれた」が276人（33.8%），「理不尽な苦情が絶えない」が190人（23.3%）であった（**図表12**，複数回答）。また，介護支援専門員が処遇困難と感じる利用者については，「本人と家族の意見が異なる利用者」が最も多く543人（66.5%），「認知症など，意思表示が困難な利用者」が426人（52.2%），「介護支援専門員が必要と考えるサービスを受け入れない利用者」が388人（47.5%）であった（**図表13**，複数回答）。

(5) 介護支援専門員の職務とその状況

まず，介護支援専門員の職務にあてはまるものをみてみると，最も多かっ

図表14　介護支援専門員の職務（複数回答）

項目	人数
福祉サービス全般に関する情報提供	761
利用者および家族の精神的なサポート	754
市町村が提供している保健・福祉サービスへの結びつけ	735
ボランティアや民生委員などインフォーマルなサービスへの結びつけ	674
利用者と家族の間で生じている介護サービス以外の福祉問題に対する相談を受ける	460
利用者の近所の方への説明や理解のお願い	374
その他	47

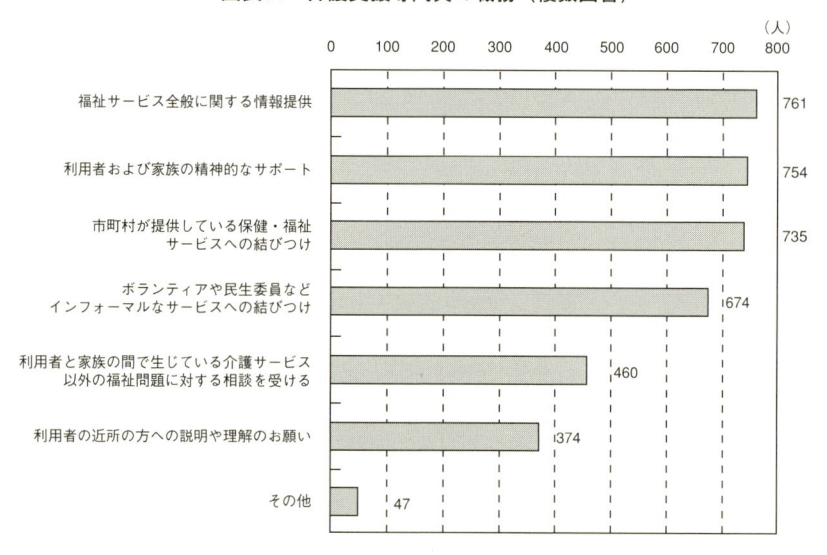

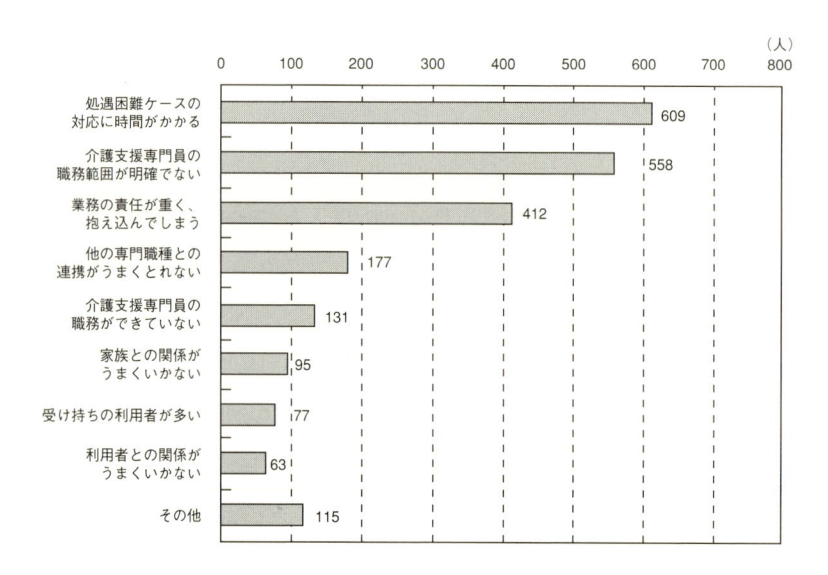

図表15　介護支援専門員の職務上の悩み（複数回答）

項目	人数
処遇困難ケースの対応に時間がかかる	609
介護支援専門員の職務範囲が明確でない	558
業務の責任が重く、抱え込んでしまう	412
他の専門職種との連携がうまくとれない	177
介護支援専門員の職務ができていない	131
家族との関係がうまくいかない	95
受け持ちの利用者が多い	77
利用者との関係がうまくいかない	63
その他	115

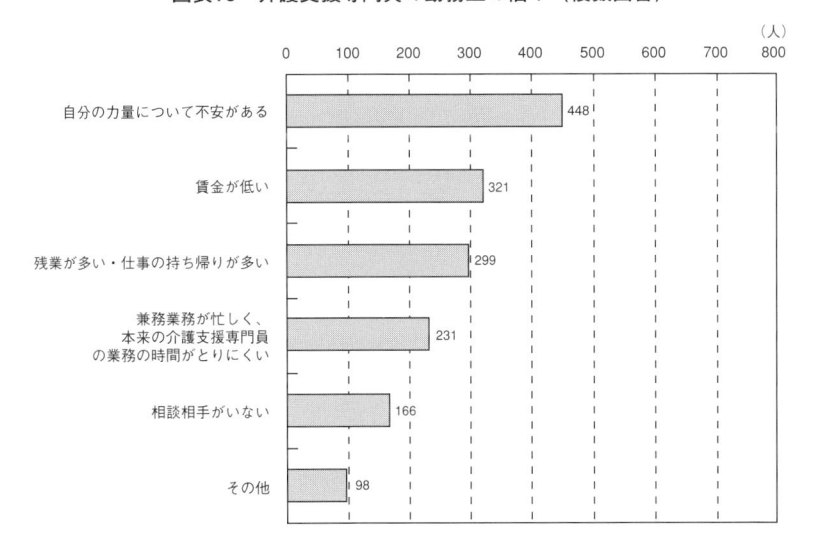

図表16　介護支援専門員の勤務上の悩み（複数回答）

項目	人数
自分の力量について不安がある	448
賃金が低い	321
残業が多い・仕事の持ち帰りが多い	299
兼務業務が忙しく、本来の介護支援専門員の業務の時間がとりにくい	231
相談相手がいない	166
その他	98

（単位：人）

たのが「福祉サービス全般に関する情報提供」が761人（93.3％），「利用者および家族の精神的なサポート」754人（91.3％），「市町村が提供している保健・福祉サービスへの結びつけ」が735人（90.1％），「ボランティアや民生委員などインフォーマルなサービスへの結びつけ」は674人（82.6％）である。一方で，「利用者と家族の間で生じている介護サービス以外の福祉問題に対する相談を受ける」が460人（56.4％），「利用者の近所の方への説明や理解のお願い」が374人（45.8％），となっている（**図表14**，複数回答）。

また，介護支援専門員の職務上の悩みについてみると，「処遇困難ケースの対応に時間がかかる」が609人（74.6％）が最も多く，ついで「介護支援専門員の職務範囲が明確でない」が558人（68.4％），「業務の責任が重く，抱え込んでしまう」が412人（50.5％）である[6]（**図表15**，複数回答）。

そして，介護支援専門員の勤務上の悩みをみると，「自分の力量について不安がある」が448人（54.9％），「賃金が低い」が321人（39.3％），「残業が多い・仕事の持ち帰りが多い」が299人（36.6％）の順となっている（**図表16**，複数回答）[7]。

図表17 利用者の受け入れに対して，事業所が最も重視していること

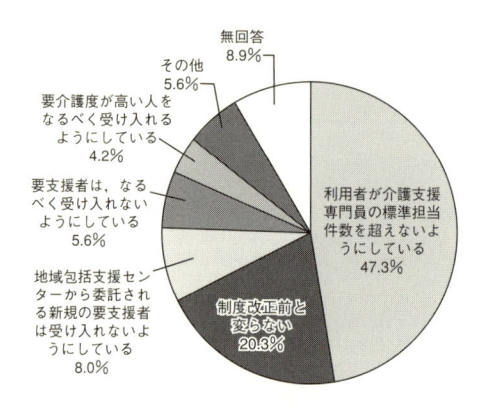

- 無回答 8.9%
- その他 5.6%
- 要介護度が高い人をなるべく受け入れるようにしている 4.2%
- 要支援者は，なるべく受け入れないようにしている 5.6%
- 地域包括支援センターから委託される新規の要支援者は受け入れないようにしている 8.0%
- 制度改正前と変らない 20.3%
- 利用者が介護支援専門員の標準担当件数を超えないようにしている 47.3%

(6) 2005年改正後の状況

　ここでは，2005年改正前後を意識しながら，2005年改正後の状況について質問した項目についてまとめる。まず，2005年改正後のケアプラン作成状況についてみてみると，最も多かったのが「制度改正前後で，それほど状況に差はない」が424人（52.0%）という一方で，「制度改正後，介護支援専門員の標準担当件数を超えるため，利用者を他の居宅介護支援事業所へ紹介した」が142人（17.4%）となっている。また，2005年改正で導入された特定事業所集中減算については，「対策をとらなくても影響はなかった」が554人（67.9%）となっており，「特定事業所集中減算に対応するため，他の居宅介護支援事業所と連携をとった」が109人（13.4%），「他の居宅介護支援事業所が特定事業所集中減算となるため，連携の申し出があった」が78人（9.6%），「特定事業所集中減算の対象となるが，対策は講じなかった」が54人（6.6%）であった（複数回答）。また，利用者の受け入れに対して，事業所が最も重視していることについてみてみると，「制度改正後，利用者が介護支援専門員の標準担当件数を超えないようにしている」が386人（47.3%），ついで「制度改正前と変わらない」が166人（20.3%）となっている（**図表17**）。

補論1　2005年介護保険改正後のケアマネジメントの状況とその課題

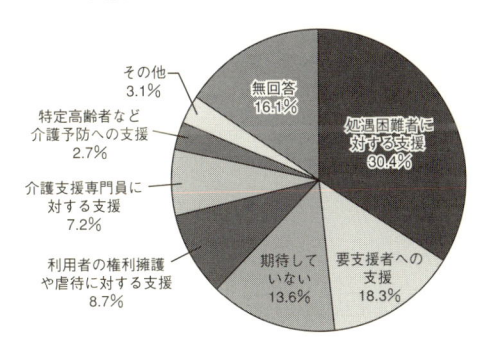

図表18　地域包括支援センターに最も期待すること

- 処遇困難者に対する支援 30.4%
- 要支援者への支援 18.3%
- 期待していない 13.6%
- 利用者の権利擁護や虐待に対する支援 8.7%
- 介護支援専門員に対する支援 7.2%
- 特定高齢者など介護予防への支援 2.7%
- その他 3.1%
- 無回答 16.1%

　そして，2005年改正で創設された地域包括支援センターに最も期待することについては，「処遇困難者に対する支援」が248人（30.4%），「要支援者への支援」が149人（18.3%）という一方で，「期待していない」が111人（13.6%）となっている（**図表18**）。要支援者の支援に関して困ったことをみてみると，「利用者が精神的に不安定になった」が489人（59.9%），ついで「利用できるサービスが減り，日常生活の維持がうまくいかなくなった」が455人（55.8%），「引き続きケアプラン作成の希望に応じられなくなった」が414人（50.7%）であった。また，「あまり困っていない」は58人（7.1%）となっている。
　また，制度改正によって引き下げられた介護支援専門員の標準担当件数が適当であるかについては，「思う」が311人（38.1%），「思わない」が200人（24.5%），「どちらともいえない」が300人（36.8%）となっている。しかし，介護報酬が適当かという設問では，「思わない」が534人（65.4%），「どちらともいえない」が229人（28.1%），「思う」が46人（5.6%）であった。
　そして，制度改正前と比べて経営状況にどのような影響があったかについては，「少し悪くなった」が298人（36.5%），「かなり悪くなった」が245人（30.0%）となっており，全体の約7割であった。一方で，「ほとんど変わらない」が210人（25.7%）であった。そして，制度改正に対して，今後，事業所がどの

ように対応される予定であるかについては,「現状程度のサービス提供を続ける」が373人（45.7%）,「サービス提供を拡大したい」が247人（30.3%）と約8割が現状維持・拡大路線であるが,「サービス提供を続けたいが経営的に難しい」が137人（16.8%）となっている。

さいごに，利用者は今回の改正を理解しているかについては,「あまり理解していない」が325人（39.8%）,「ほとんど理解していない」が185人（22.7%）である一方で,「まあまあ理解している」が147人（18.0%）,「どちらともいえない」が140人（17.2%）となっている。

4 介護保険制度におけるケアマネジメントの課題——考察にかえて

これまで大阪府内の介護支援専門員へ実施したアンケート調査をもとに，2005年改正後のケアマネジメント及び介護支援専門員，居宅介護支援事業所における状況やその変化を明らかにしてきた。そこで，アンケート調査から得られた結果を以下にまとめ，2005年改正後の状況を中心に介護保険制度のケアマネジメントについての課題を探ってみたい。

第一は，介護支援専門員のケアプラン作成とそれに関連する経営問題である。まず，調査結果からケアプラン作成の受け持ち数は，標準担当件数を超えない程度（35件）となっている状況（「30件以上40件未満」）が全体の約3割を占めた。一方で，改正前の標準担当件数（50件）前後の「40件以上50件未満」「50件以上60件未満」をあわせても2.9%と非常に少ない状況であった。今回の調査では，改正前後のケアプラン作成の状況については,「制度改正前後で，それほど状況に差はない」が5割を占めていたため，標準担当件数引き下げに関してはそれほど大きな影響はなかったとみることができる。しかし一方で「制度改正後，介護支援専門員の標準担当件数を超えるため，利用者を他の居宅介護支援事業所へ紹介した」が約2割あり，社会保障審議会介護保険部会報告［2004］によれば，2003年の介護支援専門員の担当利用者

数の平均は42.4人で，50人を越えるケースが全体の4分の1を占めていたとされることから考えれば[8]，改正後の状況変化について今後も詳細な検証が必要である。

　ただここで注目すべきことは，居宅介護支援事業所の経営問題である。確かに，今回の改正で行われた介護支援専門員の標準担当件数引き下げによって，介護支援専門員の業務多忙が緩和し，適切な担当数によりよいサービス提供が行えるような環境へと近づいたといえる側面もある。しかし一方で，居宅介護支援事業所の収入はこの介護支援専門員の担当件数と直結していることを忘れてはいけない。そのため，担当件数が減少し，さらにその担当件数によって介護報酬にしばりをかける現状では，必然的に介護支援専門員数に応じて収入が決定し，収入の減少は防げないであろう。それを裏付けるかのように，調査結果では制度改正前と比べて経営状況が「少し悪くなった」「かなり悪くなった」をあわせると全体の約7割を占めることとなった。そして，この標準担当件数が適切かという設問に対しては，「思う」が約4割，同様に「どちらともいえない」が約4割となっている背景には，自由記述欄の言葉（「件数的には適当と思うが，経営的に苦しい」「結果として事業所の運営を圧迫する」）にあるように，ケアプラン作成をはじめとするケアマネジメントを用いた利用者支援に対してはこの標準担当件数は妥当かもしれないが，経営的な面からみれば妥当だとはいえないという思いが交錯しているのではないだろうか。そのため，介護報酬が適当かという設問では「思わない」が約7割近くとなった。このように，介護支援専門員がその職務を遂行しやすい環境を整えようしても，現在の介護保険制度の仕組みでは居宅介護支援事業所の経営問題が大きく関係することから，その環境整備が思うように進められない現状となっている。

　第二は，ケアマネジメントが本来の機能を果たしているかについてである。このケアマネジメントがうまく機能しなければ，利用者が自らの望む生活を実現することは難しい。今回の調査結果では，ケアプラン作成の平均的な状

況をみてみると、「利用希望者全員に対応でき、居宅サービス計画を作成できた」が半数を占め、「利用希望者全員に対応できたが、利用者の都合（施設希望など）で相談のみに終わったケースもあった」をあわせると全体の9割近くとなった[9]。そして、利用者の心身の状況に応じたケアプラン作成が行えたかという設問に関しては、「必要なサービスの種類・回数が全員満たされる結果となった」が約4割であった。また、利用するサービスの種類や回数、またはその両方が満たされない利用者は全体の半数となったが、その理由は利用者側の問題（利用者のサービスに対する抵抗感、必要なサービスと利用者が望むサービスとの不一致、費用の問題）が上位を占め、介護支援専門員の業務多忙については1割にも満たなかった。そのため、後に述べるが、未だその職務に不明確さはあるにしても、標準担当件数の引き下げや地域包括支援センターの創設なども影響し、少しずつケアマネジメントは機能している状況となっているようだ。

　しかし2005年改正にからめて考えてみると、今回の改正ではこのケアマネジメント機能を複雑化させるような改正が行われた。それは、地域包括支援センターの創設である。地域包括支援センターは、地域包括ケアシステムが有効に機能するために、各種のサービスや住民が連携してケアを提供するよう、関係者の連絡調整を行い、サービスのコーディネートを行う機関としての役割を担うものである[10]。

　このように定義される地域包括支援センターであるが、このセンターの創設によって引き起こされている問題を調査結果からまとめてみよう。まず要支援者のケアマネジメントである。改正後、一部は居宅介護支援事業所に委託可能であるが、原則として要支援者の介護予防ケアマネジメントは、地域包括支援センターで受け持つこととなった。調査結果からも明らかなように、2005年改正後の要支援者の支援に関して困ったことでは、「引き続きケアプラン作成の希望に応じられなくなった」が5割の回答となっている。これは、介護保険制度が利用者本位のサービス利用体系を保障し、利用者の選択を重

視する制度であるにもかかわらず，要支援者においては介護支援専門員を選択する権利が保障されない状況を生みだしているといえる。

　次に介護支援専門員の勤務上の悩みにおいても「処遇困難ケースへの対応に時間がかかる」が8割にのぼり，地域包括支援センターに最も期待することは，「処遇困難者に対する支援」が3割を占めている。一方で，介護支援専門員が処遇困難と感じる利用者については，「本人と家族の意見が異なる利用者」が7割，「認知症など，意思表示が困難な利用者」「介護支援専門員が必要と考えるサービスを受け入れない利用者」がともに5割という回答であった。このように，ソーシャルワークの視点から実践されるケアマネジメントであれば，利用者のモチベーションを高めるようなエンパワメントを行い，どうすれば利用者がサービスを利用しながら望む生活を送ることができるのかを考えるはずである。しかし，この調査結果をみると，経営の問題が大きく関係しているとは思うが，できるだけ容易にケアプランが作成でき，そして手間のかからない利用者を中心に担当することが効率よくケアマネジメントが行えると判断する傾向にあるのではないだろうか。この状況が最も懸念すべき点であり，介護保険制度で果たす介護支援専門員の本来の役割とは何なのかを改めて考え直さなければならない。

　さらに付随して見過ごせない問題点は，利用者の費用問題である。今回の調査では，「支給限度基準額の上限までサービスを利用しても，必要なサービスが足らなかった」が4割，「支給限度基準額内でのサービス利用だが，それでも利用者にとって負担が重かった」が約3割という結果となっている。その一方では，利用者は支給限度基準額の上限までサービス利用しておらず，要介護度別の平均利用率は4～6割程度というデータも示されている[11]。このようなことから，利用者が本当に自己負担の問題なく，サービスを十分利用できているのかについては，今後もさらに詳細な検証が必要であるといえよう。いくら，介護保険制度上でケアマネジメント機能が十分発揮される環境を整備できたとしても，サービス利用の時点で利用者やその家族の経済的

な理由が解決していなければ思うようにサービス利用できないという状況のままであれば，利用者によっては日常生活を維持することが難しい者もあらわれ，利用者の経済状況で格差が広がる制度として定着してしまう。そのため，今後は保険給付の支給限度基準額や利用者負担について検証する必要がある。

　そして第三に，介護支援専門員の中立性・公平性の問題である。今回の調査では，併設型の居宅介護支援事業所が7割を占めているにもかかわらず，利用者にサービス事業者をすすめるときの姿勢をみてみると，「サービス内容等の質をみて，質の高い事業者をすすめる」「まったく中立な立場で複数の事業者を紹介し選択を求める」が全体の7割となった。一方で「連携がとりやすいので，どちらかといえば，同じ傘下の事業者をすすめる」が2割程度であった。このことから，介護支援専門員の意識としては中立性・公平性が少しずつ浸透し，サービス事業者の囲い込みにも歯止めがかかっているということが推測できる。また，特に今回の改正では「特定事業所集中減算」の仕組みも導入されており，その影響は明確にはなっていないが少なからず影響していると考えることもできよう。

　さいごに，第四として介護保険制度上におけるケアマネジメントの根本的な問題についてふれておきたい。それは，介護支援専門員の職務内容についてである。第4章で述べたように，介護保険制度上に取り入れられたケアマネジメントは，介護保険制度の仕組みの問題からその本来の機能を発揮することができない状況となっている。それは，先にも述べたが，介護保険制度がソーシャルワークの視点からの介護サービスを提供できる仕組みとなっていないからである。このことが明確に理解されていないために，介護保険制度にケアマネジメントが導入されたことによって，あたかもソーシャルワークの視点から介護サービスが提供できるという錯覚に陥ったことが原因である。この認識のズレが介護支援専門員の職務を不明確にしている一つの原因といえるのである。

今回の調査結果においても，介護支援専門員の勤務上の悩みとして最も多かったのは，「自分の力量について不安がある」が5割，職務上の悩みとして「介護支援専門員の職務範囲が明確でない」が約7割となっている。また，介護支援専門員の職務としてあてはまるものとして，情報提供，精神的なサポート，市町村サービスやインフォーマルサービスへの結びつけに関しては8～9割がその職務として認識されている一方で，近隣への説明や介護サービス以外の福祉問題への相談に関しては5～6割という結果になり，前者に比べれば2～3割程度低くなっている。これは介護保険制度上で介護支援専門員が果たす役割とは，狭い意味での介護サービスであるという認識に立っていることが影響しているのではないだろうか。

　以上のような調査結果からもわかるように，この職務の不明確さが介護支援専門員が介護保険制度上で職務を果たす際に混乱する根本的な原因であり，それは介護支援専門員が自分の力量に不安をもつ原因の一つになっているといえる。本稿では，より詳細な分析は行っていないため，介護支援専門員の職務に関する実態は輪郭のみとなっているかもしれない。しかし，明確にいえることは，本来の介護支援専門員の職務は生活全体を視野に入れた支援であることは間違いなく，その支援が実際制度上の問題から行うことが難しくなっているという現実である。そのため，今後介護支援専門員が行うケアマネジメントにおいては，当事者の力量を高める研修制度も非常に重要であるが，小手先の改革ではなく制度上の根本的原因を解決する改革を行わなければならないのである。

　このように，2005年改正は介護保険制度の仕組みを大幅に変更する大改正であった。しかし，介護支援専門員からみた利用者の改正に対する理解度は，「あまり理解していない」「ほとんど理解していない」で6割を占めた。このことからみても，利用者本位のサービス提供体制を作り出すことを特徴とした介護保険制度であるためには，その利用者である高齢者がこの制度の改正を十分理解していない状況を改善することは当然のことであろう。そし

て，本稿では，2005年改正後のケアマネジメント及び介護支援専門員の状況を明らかにしようと試みているが，調査データの単純集計でのみの分析となっているため，詳細な現状を描き出すには至っていない。さらに分析を行い，2005年介護保険制度改正の詳細な検証を行うことが今後の課題であると考えている。

　　［付記］アンケート調査にご協力いただきました大阪府内の介護支援専門員のみなさまに心からお礼申し上げたい。また，介護支援専門員の宇都宮理子さん（指定居宅介護支援事業所第二権現荘）には専門的な見地からアンケート調査項目作成にご協力いただいた。あわせて心から感謝したい。
　　　　この研究は，2006年度厚生労働科学研究費補助金政策科学推進研究事業（「都市部における介護サービス利用者実態調査に基づく平成17年度介護保険制度改正の分析と評価――高齢者の自立支援と地域ケア支援体制の確立に向けて」（主任研究者：森詩恵）の助成を受けて行ったものである。

1) 2005年改正でその定義が法定化された。介護支援専門員とは，「要介護者又は要支援者（以下，「要介護者等」という。）からの相談に応じ，及び要介護者等がその心身の状況等に応じ適切な居宅サービス，地域密着型サービス，施設サービス，介護予防サービス又は地域密着型介護予防サービスを利用できるよう市町村，居宅サービス事業を行う者，地域密着型サービス事業を行う者，介護保険施設，介護予防サービス事業を行う者，地域密着型介護予防サービス事業を行う者等との連絡調整等を行う者であって，要介護者等が自立した日常生活を営むのに必要な援助に関する専門的知識及び技術を有するものとして第69条の7第1項の介護支援専門員証の交付を受けたもの」と定義されている（介護保険法第7条第5項）。
2) 2005年改正では，ケアマネジメントに対する介護報酬が再び変更され（2003年の介護報酬改定では介護報酬は統一され850単位であった），要介護度別の介護報酬体系となったが，多数担当ケースに係る報酬逓減制が導入された。要介護度別，取り扱い件数別の介護報酬単価は以下のとおりである。
　　　居宅介護支援費（Ⅰ）：要介護1・2　1000単位／月　要介護3～5　1300単位／月
　　　　　（取扱件数が40件未満）
　　　居宅介護支援費（Ⅱ）：要介護1・2　680単位／月　要介護3～5　780単位／月
　　　　　（取扱件数が40件から60件未満）
　　　居宅介護支援費（Ⅲ）：要介護1・2　400単位／月　要介護3～5　520単位／月
　　　　　（取扱件数が60件以上）

補論1　2005年介護保険改正後のケアマネジメントの状況とその課題

　　経過的要介護居宅介護支援費（Ⅳ）：経過的要介護　850単位／月
3）設問では併設されている施設または事業所については複数ある場合は主たるものを一つ選択することになっていたが，複数回答しているものや無回答が多く，328事業所（40.2%）であった。ついで，多かったのは「訪問介護事業所」が220事業所（27.0%），特別養護老人ホームが70事業所（8.6%）であった。
4）2005年改正では介護支援専門員が標準担当件数以上受け持った場合に介護報酬が低くなる措置をとっており，また調査時点ではもうすでに介護支援専門員の担当件数が引き下げられた件数程度にほぼ落ち着いている状況であると予測できることと，本調査結果ではケアプラン作成状況においては「制度改正前後で，それほど状況に差はない」が5割を占めているということから，このような結果となったと考えられる。
5）岩手県調査［2003］では，「必要なサービスを提供できない理由」において，選択肢の中から3項目まで選択できる回答方法としている（回答数454人）。結果は，「利用者が世間体や他人の受け入れに抵抗」（39.9%），「利用者が経済的な理由でサービス利用を制限」（37.7%），ついで「家族・介護者が経済的な理由でサービス利用を制限」（33.5%），「家族・介護者が世間体や他人の受け入れに抵抗」（30.0%）という順で，経済的理由やサービスに対する抵抗感が上位に位置づけられており，本調査と同様の結果となっている。
6）三菱総合研究所調査［2004］における「介護支援専門員の業務遂行上の悩み」（複数回答）では，最も多いのが「困難ケースの対応に手間が取られる」が857人（44.5%），ついで「ケアマネの業務範囲が明確でない」が610人（31.7%），「業務の責任が重く，抱え込んでしまう」が512人（26.6%）となっており，上位3位すべて本調査と同様の結果となっている。
7）三菱総合研究所調査［2004］における「介護支援専門員の勤務上の悩み」（複数回答）をみてみると，最も多いのが「自分の力量について不安がある」が1100人（57.1%），ついで「残業が多い・仕事の持ち帰りが多い」が683人（35.4%），「兼務業務が忙しく，ケアマネ業務の時間がとれない」が607人（31.5%）となっており，両調査とも第1位が同じ結果となった。
8）このデータは社会保障審議会介護保険部会［2004：118］より引用しているが，出典は三菱総合研究所［2004］である。
9）現在，2005年改正後の経過措置期間であるため，要支援者に関しては今後自らが希望する介護支援専門員を選択することが難しくなる可能性もある。今回の調査でも，要支援者の支援に関しては「利用希望者全員に対応できたが，利用者の都合（施設希望など）で相談のみに終わったケースもあった」が5割となっている（複数回答）。
10）地域包括ケアシステムとは，2003年に高齢者介護研究会「2015年の高齢者―高齢者の尊厳を支えるケアの確立に向けて―」において打ち出されたもので，「要介護高齢者

の生活をできる限り継続して支えるためには、個々の高齢者の状況やその変化に応じて、介護サービスを中核に、医療サービスをはじめとする様々な支援が継続的かつ包括的に提供される仕組み」として位置づけられている。また、地域包括支援センター創設と2005年改正に関しては、本書の第5章を参照のこと。
11) 同じく、本書の第5章を参照

【参考文献】

阿部崇「適正な報酬体系が担う『ケアマネジメント』の質—介護報酬2006年4月改定が目指すべきもの—」『ニッセイ基礎研レポート』ニッセイ基礎研究所、2004年。

伊藤周平『「改正」介護保険と社会保障改革』山吹書店、2005年。

─────「改正介護保険法と拡大された問題点」『季刊自治と分権』(自治労連・地方自治問題研究機構) 第23号、大月書店、2006年4月。

伊藤直子・石井美紀代・布花原明子「介護支援専門員の勤務形態と業務実態の関連」『西南女子学院大学紀要』Vol.8、2004年。

梅崎薫「ケアマネジメントとソーシャルワーク機能」『ソーシャルワーク研究』Vol.30, No.3、相川書房、2004年。

梅谷進康「介護支援専門員の業務範囲についての一考察」『近畿福祉大学紀要』Vol.6 (1)、2005年。

大野勇男「介護保険におけるケアマネジメント—その諸問題と課題—」『総合社会福祉研究』第21号、2002年。

筒井孝子「改正介護保険法における地域包括ケア体制とは—地域包括支援センターの課題—」『保健医療科学』第55巻1号、国立保健医療科学院、2006年。

橋本泰子・竹内孝仁・白澤政和監修『海外と日本のケアマネジメント』中央法規出版、2000年。

森詩恵「ソーシャルワークの視点からみた介護保険制度の位置づけとその諸問題—日常生活の維持・自立支援を視野に入れた介護サービスの提供に向けて—」『雇用関係の変貌』(社会政策学会誌第9号) 法律文化社、2003年。

岩手県「平成15年度第1回岩手県介護支援専門員業務実態調査 (居宅) 結果」2003年 (www.pref.iwate.jp/~hp0357/kaigo)。

岡山県保健福祉部長寿社会対策課「介護サービスの実態調査報告書 (介護サービス等適正化推進事業)」2004年。

群馬県介護保険課「介護支援専門員業務実態に関するアンケート調査」2004年。

『介護保険制度の見直しに向けて―社会保障審議会介護保険部会報告・介護保険4年間の検証資料―』中央法規出版, 2004年。

全国介護支援専門員連絡協議会「平成15年度介護支援専門員の実態にかかる全国調査結果（中間報告）―介護支援専門員の質の向上に向けた現状と課題の把握―』2004年2月（http://www.mhlw.go.jp/shingi/2004/02/s0223-8i.html）。

東京都福祉局保険部「都内の居宅介護支援事業所の運営及び介護支援専門員の現状についての実態調査」2004年3月。

補論 2

男性家族介護者の介護実態とその課題

1　問題の所在

　わが国の高齢者人口は2744万人となっており，総人口に占める割合は21.5％と高齢化率が上昇し続けている（2007年9月15日現在推計）[1]。また，80歳以上人口は初めて700万人を突破し，男女別では女性が男性のほぼ2倍となった。このような状況のもと，2004年現在で65歳以上の者のいる世帯は全世帯数のなかで38.6％を占め，そのうちの高齢者世帯を世帯構造別にみると，「夫婦のみの世帯」が49.5％で最も多く，次いで「単独世帯」が47.4％となっている[2]。

　高齢化率の上昇や高齢者世帯の増加は，高齢期における生活問題の解決を必要としている。高齢期における生活の不安としては，総理府「高齢期の生活イメージに関する世論調査」（1993年9月）の「介護保険制度導入前の高齢期の生活に対する不安」（複数回答）によれば，最も多かったのは「自分や配偶者の身体が虚弱になり病気がちになること」（49.4％），次いで「自分や配偶者が寝たきりや痴呆性老人になり介護が必要になったときのこと」（49.2％）であった[3]。

　このように，高齢期において介護問題は生活不安のひとつとしてあげられ，少子高齢化・核家族化のもとで，「介護の社会化」を実現するため1997年に介護保険法が成立した。これは，介護サービスを利用しながら自らが望む地域においてできる限り自立した生活が送れる仕組みを整備するためであっ

た。

　しかし,「介護の社会化」を謳った介護保険制度も，要介護認定者数やサービス利用者数の増大をみれば導入以前よりサービス利用に対しての抵抗感は薄れたように思えるが，依然としてかなりの部分が家族によってカバーされている現状である。介護は，これまで性別役割分業に基づいて女性である妻や子ども（嫁や娘）がその中心を担ってきた。しかし，女性の社会進出や核家族化によって，育児や介護に男性の参加を求める声も大きく[4]，またそうしなければ成り立たない状況もある。上述したように，高齢者世帯や単身世帯が増加していることからみても，女性の要介護者を男性（夫や息子）が介護することも考えられ，今後における男性家族介護者[5]の増大は予測できよう。現に，「平成16年国民生活基礎調査」によれば，主な介護者のうち男性が占める割合は25.1％（「平成13年国民生活基礎調査」における同項目の23.6％より微増）となっており，全体の約4分の1を占めている。

　そこで本稿では，これまで女性の仕事であると認識されてきた介護において，その役割を担っている男性家族介護者がどのような状況に置かれているのかを明らかにし，彼らが抱える課題の論点整理を行いたい。おりしも，男性家族介護者については津止・斉藤［2007］が行った全国調査やHarris［1993］，奥山［1996］，一瀬［2001，2004］の先行研究があり，近年，男性家族介護者へその注目が少しずつ集まっている。しかし，わが国における男性家族介護者の実態を明らかにするためには今後も量的・質的な研究が必要である。そのため，本稿では，男性家族介護者に関する先行研究成果を再整理したうえで，男性家族介護者に行ったインタビュー調査からその状況をまとめ，課題を描き出したい。

　なお,男性家族介護者の介護実態といっても，介護者の続柄(配偶者,子ども，孫）や，他の家族からの支援（一人で介護を行っているのか，家族とともに行っているのか)，被介護者の要介護度・認知症の有無などによってもその実情は異なってくる。今回のインタビュー調査は，事例数が少なく非無作為のサン

プルとなっているが，すべての事例が介護保険制度からの介護サービスを利用しており，比較的在宅介護がうまく機能している対象者に絞って調査を行った。それは，このような成功事例を検証することによって，今後の男性家族介護者，そして家族介護者全体への支援に対する手がかりを探るという視点からである。

2 男性家族介護者に関する先行研究成果の再整理

津止・斉藤［2007：18〜19］によれば，「男性介護者の介護における場面や行為は，多くの場合，『男らしさ』の世間体（ジェンダー規範）や家計の大黒柱としての経済的課題，家事・介護スキルの未習熟などといった困難要因も多い」が，逆に福祉サービスなどの社会資源を積極的に活用するといった「『介護の社会化』を促進し，家族介護の多様な進化・展開にも作用する有利な側面も多く備えているようである」とされる。しかしその反面，「親の介護と仕事・家計の折り合い」に悩み，「備えなきままに介護場面に投入され，家事に戸惑い，人間関係に悩み，人生に苦悩し孤立化を深める」といった実態も報告されており，男性家族介護者による介護は複雑な背景や状況を含んでいるといえる。しかし，これまで男性家族介護者の介護やその実態に関する研究は少なく，男性家族介護者の全体像を明確に示し，その複雑な実相を描くには至っていない。そこで，これまで男性家族介護者の類型や実態を検証している主な先行研究成果を再整理し，その共通点や独自の特徴を明確にしよう[6]。これまでの研究成果を再整理することは，今後の男性家族介護者に関する研究を行ううえでも非常に意味のあるものである。

Harris［1993］は，非無作為かつ意図的なサンプルでアルツハイマー病患者の介護を行っている男性介護者（15名）に対して面接調査を行った結果分析から，男性介護者の複雑な世界を紐解き，類型による共通性や相違点を明確にしようとしている。その結果，男性介護者から最も多く語られた共通の

テーマ及び男性介護者の類型（4タイプ）を示した。

　まず，介護者の面接で最も多く語られた共通のテーマをまとめると，すべての面接で顕著な特徴として，「献身」的な介護の状況が浮かび上がった。次に多かったテーマは，社会的孤独・仲間付き合いの喪失であった。患者の「病状の悪化を見るのは心苦しく，またなんと言ってよいかわからないので，友人たちは家に寄りつかなくなった」「友達付き合いしていた夫婦のほとんどが，妻を通じて知り合っているので，妻が病気になってから彼らを呼び出すのはおかしいと感じる」という発言から，社会や友人とのつながりが希薄になっている状況が理解できる。そして，これらの介護者は，いくつかの共通した対処戦略をもっていることも明らかになった。その内容は，妻の介護を自らが統制し維持すること（コントロール）によって，自分が受け入れられるような日常生活の計画を立てる，その際にはレスパイトケアなどを利用し，家の外での介護者自身のための時間をうまく確保するといったものであった。そして，長期にわたって介護を行ってきた介護者は，介護の負担感も少なく，満足感が大きいという傾向であった。また，多くの介護者は，男性に対する特別なサービスのニードとして，同じ体験をもつ男性同士で語り合う機会を求めていることもわかった。その一方，子どもたちの援助に対する期待や要求は限られたものであった。

　また，男性介護者の類型としては，①仕事人，②愛の奴隷，③義務感，④交差点上，の4つに分類された。「仕事人」タイプは，新しい介護役割を仕事役割に続くものとして位置づける志向があり，「愛の奴隷」タイプは自らの介護役割を妻に対する深い想いを縁どるものとして志向している。また，「義務感」タイプは，妻の介護について過度に責任感と義務感を発達させており，そして「交差点上」タイプが一般に妻が疾病の初期段階にある新しい介護者で，危機にある場合が最も多く，まだ介護役割を志向していない状況であるとした。そして，この「交差点上」とされた「妻が疾病の初期段階にある新しい介護者」で，まだ男性介護者が「介護役割を志向しておらず，何

をして,どこへいくのかという選択肢にもたついている」グループに対する特別な支援の必要性を説いている。

　次に,奥山［1996］は,性別役割分業意識の強い社会背景が男性介護者の家族に大きく影響していると考え[7],①介護責任の決定と家族規範,②性別役割分業と介護,③労働特性からみた男性介護者,という三つの視点から男性介護者（4事例及び男性介護者の集いの参加者9名）に対してインタビューを行い,その介護実態を分析している。その結果,①介護決定するときの家族規範の原理は,愛情原理が強く働いているとはいえ,イエ的直系制原理のもとに消極的に義務的に介護責任を決定しており,子どもよりも夫の方がその原理が強く働いている,②「惨め」感を感じる,③男性介護者の優位性（他者からの「女性の仕事を行う優しい男性」という評価）,④男性介護者の閉塞性（一人で孤独に社会から孤立して生活）,⑤費用支出の意思決定と経済状態（経済的な意思決定に優位な男性による介護の支出増大と経済問題）,⑥介護における社会的な「性別規範」が強く働いている（女性の化粧品や肌着の購入などに大きな抵抗感がある）,⑦合理的な介護と余暇時間の確保,⑧拘束される介護労働と慣れない家事労働,があげられている。まとめれば,高齢男性介護者は,慣れない家事や介護の仕事に携わるということだけでなく,「介護は女の仕事」という性別役割分業意識や,性別規範による葛藤をもちながら,家長や長男・父親としての責任遂行から介護を担当していたとしている。

　そして,一瀬［2001, 2004］は,男性による介護は,仕事中心の生活から一転して,家事や妻の身の回りの世話を一身に背負わなければならない状況に陥るため,心身ともに非常にストレスフルな状況にあることが推測されるが,わが国では,従来,在宅介護は女性によって担われてきたために,介護状況の把握も女性介護者を中心に行われてきたという背景から,男性介護者の実態を把握したうえで,支援対策を講じることが急務だと訴える。そこで,これらの論文では,在宅痴呆性高齢者[8]に対する60歳以上の高齢男性介護者の実態に着目して調査を行い（有効回答数346名,うち男性175名）,高齢男

性介護者の介護特性を明らかにしている。その介護特性とは，①情緒面で強い疲れを感じている男性介護者が6～7割，在宅介護の限界を感じている人が約4割であるが，②周囲の人々に対してあまり積極的な支援要請を行っていないようである，③男性介護者は女性介護者以上に介護を生き甲斐として捉えており，介護に対して高い肯定的価値を抱いている，④公的福祉サービスの利用状況をみても，男性介護者に比べて女性介護者の方が積極的である様子がうかがえる，⑤男女の介護者を問わず介護者自身の体力低下を訴えている，とまとめることができる。

さいごに，津止・斉藤［2007］が行った「男性介護者全国調査」（全国20の医療生協〔17都道府県〕にある介護事業所，病院・診療所の職員を通じて男性介護者へ配票，有効回収票数295票，有効回答率59％）では，次のような結果の概要がまとめられている。まず，介護者の属性では，①高齢男性介護者が多い，②健康状態に問題を抱える男性が多い，③男性介護者の7割が無職であった。また，生活状況は，④二人暮らしの男性介護者が6割弱を占め，その半分以上が家族のサポートがほとんどない状況である。そして，男性介護者は，⑤炊事・掃除を苦手とする場合が多く，⑥「ほぼ一日中」介護をしている男性介護者が30％を超えている。⑦地域との関係では，介護開始後，地域関係だけでなく社会関係が縮小傾向にあった。⑧制度・サービスは95％以上が利用しており，⑨ケアマネジャーを頼りにしている人が4割となっている。そして，⑩介護の負担を感じている男性介護者は8割となっており，⑪被介護者へのコミュニケーションや配慮に工夫がある一方で，むなしさ・つらさを感じる介護者もいる，といった結果であった。

また，津止・斉藤［2007］は「男性介護者の介護実態調査―妻を介護する夫の介護実態調査―」として，デイサービスセンター利用者を介護している男性介護者45名に対してインタビュー調査を行い，男性介護者の介護実態をまとめている。特にそのなかでも，介護による生活と気持ちの変化に焦点をあて，①介護を「する側」になったとき，②介護を行っていく過程での気持

ちの変化，③介護生活で「良かったこと」「大変だと感じること」，④介護を続けていくにあたっての心配，⑤毎日の家事・炊事の困難，⑥近隣との関係などの点から検討している。

結果を簡単にまとめると，まず，介護を「する側」になったときの気持ちでは，肯定的な側面（悲観的にならず前向きに考えた，自分が面倒をみたいとおもったなど）と否定的な側面（痴呆を受け入れられなかった，毎日イライラしていたなど）の両面を洗い出している。そして，介護を行っていく過程での気持ちの変化（否定的な思いが前向きに変化する，肯定的な気持ちが後退する）を明らかにしている。次に，介護を始める前後の生活の変化については，仕事・家事・周囲の変化についてふれ，介護に伴って発生する環境の変化への対応，また介護生活に必要な新たな環境をどのように切り開いていくかが課題であるとしている。そして，介護生活で「良かったこと」では，約4分の1は「介護していて良かったことはない」と答え，介護期間の短い介護者が比較的多いということであった。また，「大変だと感じること」や「心配」については，介護者自身の健康状態への不安や，家事の負担などであった。そして，近隣との関係においては，地域性も考慮しなければならないが，付き合いの濃淡の差はあるものの，多くの介護者が地域とのつながりをもっている状況であった。しかし，一方で，妻が痴呆の状態になってからは周りが徐々に離れていくのがわかる，といった状況も述べられている。

3 男性家族介護者の置かれている状況——インタビュー調査から

それでは，男性家族介護者に対するインタビュー調査から，その介護実態を探ってみよう。インタビュー対象者は，近畿圏で在宅介護を行っており，インタビューを了承をしてくださった男性家族介護者（7名）であり[9]，その概要は**図表1**のとおりである。インタビューの期間は，2007年3月～4月である。今回は，男性家族介護者を高齢者と限定せず幅広い年齢層を対象と

図表1　被介護者・介護者の状況

	事例1	事例2	事例3	事例4
主たる介護者年齢	50代	30代	80代	70代
職業	自営業	在宅就労	無職	無職
被介護者の続柄	母	祖母	妻	母
家族構成	同居 (本人・介護者の妻)	同居 (本人)	同居 (本人・娘)	同居(3ヶ月ごとに) (本人・介護者の妻)
被介護者の病名	認知症	骨折	脳出血	老化
要介護度	要介護1	要介護1	要介護2	要介護4
被介護者年齢	80代	90代	70代	90代
介護年数	8年	5年	2年	9年
利用サービス	デイサービス4回/週	デイケア3回/週	小規模多機能型居宅介護 (訪問介護2回/週, デイサービス3回/週)	デイケア4回/週 ショートステイ1週間/月

	事例5	事例6	事例7
主たる介護者年齢	50代	50代	70代
職業	無職	会社役員	無職
被介護者の続柄	父	母	妻
家族構成	同居 (本人, 被介護者の妻)	別居(日中のみ介護) (義姉・孫と同居)	同居 (本人)
被介護者の病名	認知症	初期アルツハイマー	認知症
要介護度	要介護5(寝たきり)	要介護3	要介護5
被介護者年齢	90代(すでに死亡)	80代	70代
介護年数	3年	10年	17年
利用サービス	訪問介護2回/週	デイケア4回/週 ショートステイ10日/日	訪問介護5回/週 デイサービス2回/週 ショートステイ4回/月

(出所) ヒアリング調査をもとに，筆者作成。

し，被介護者の状況も要介護1～5及び認知症の有無など重複しないような形をとった。調査方法は，調査項目にそった男性家族介護者への直接インタビューである。主な調査項目は，①介護者の基礎属性 (年齢，職業の有無，被介護者との続柄，家族構成等)，②被介護者の状況 (年齢，要介護度，介護の原因，

現在利用しているサービス），③家族や地域，事業者との関係，④介護で困ったこと，⑤余暇時間，⑥介護の負担感，⑦介護保険制度についてなどである。それでは，インタビュー調査の結果をみてみよう。

(1) 介護を担うに至った背景

介護を開始する理由として，病気（脳出血）や骨折，転倒，物忘れがみられるようになったことがあげられ，ドラッグストアの安売り商品を購入していたなど金銭管理の問題もあった（事例4）。また，夫に先立たれたことによって無気力になり，少しずつ認知症となるというような「人の死」も介護が必要となる原因に関係しているようである（事例1・6）。

介護を担うに至る状況をみてみると，介護者が配偶者の場合は，高齢者世帯である（事例7），同居している子どもが就業している（事例3）という状況であった[10]。介護者が子どもの場合は，被介護者の妻や介護者の妻（嫁）が主な介護者として介護を担うことが難しい状況もうかがえた。事例5では，被介護者がおむつ交換や褥瘡の処置を行う際に暴れ，力が強いため高齢の被介護者の妻では対応できない，事例4では介護者の妻が通院，事例1では介護者の妻が就業（教室を開いている）という状況であり，食事の支度や洗濯など家事援助の面で介護を支えていた。あわせて，知識が豊富な介護者や訪問介護員2級の資格を取得した介護者，家族の会の会員，といった介護に対して積極的な志向も見受けられた。また，事例2は介護者が被介護者の孫にあたり，日常生活を支援しているが介護費用は被介護者の子どもが分担して負担している。

(2) 介護者と就業

次に，介護者の就業についてみてみると，介護者は退職者または無職の者，自営業や在宅での就労者ということであった。7名中3名は，有職者であるが自営業や在宅就労であり（事例1・2・6），介護と仕事とをうまく両立し

ている場合の状況として，「比較的時間が自由になる，自由時間も多い」（事例2）という声があった。一方で，介護者が「自営業であるため介護が可能となっている，サラリーマンであれば難しい」といった声も聞かれた（事例6）。また，事例5では介護を行うため最終的には自営で行っていた仕事をやめている。

(3) 家族・地域との関係

　家族からの支援をみてみると，家族（介護者の兄弟姉妹，父母など）の訪問，他の家族と協力しながら介護を行っている（事例4・6）という一方で，他の兄弟が遠方にいる，また被介護者と他の子ども家族の関係が悪化しているといった状況もあった（事例1）。また，介護にかかる費用をすべての子どもで分担する（事例2）という事例もあった。

　地域との関わりでは，「つきあいが少なくなる」「男性家族介護者は女性の多い会になかなか入れない」（事例7）というような，社会との関わりが縮小している状況がみられた。その一方で，家族の会への参加したことによって愚痴や相談ができるようになったというサポートネットワークの有効性がうかがえる事例もあった（事例1・7）。また，「男同士の飲み友達がほしい」（事例7）といった，社会や仲間との関わりを意識し，気晴らしできる仲間を求める声もあった。

(4) 介護サービス利用に関して

　介護サービス利用についてみてみると，インタビュー調査で聞かれたこととして，介護を行う際には「介護の方針をもつこと」が必要であるとし（事例7），「介護は24時間365日」であるから「自分も楽にやりたい」といった声もあった（事例5）。このことから，介護者は，介護サービス利用に対して，「介護の方針」をもっている，または明確でなくてもその考えがある介護者がいるということがわかった。それは，ただ介護支援専門員に言われるがま

まサービスを利用するのではなく，介護者である自分の意見をしっかりともち，その方針に沿って介護サービスを利用しているということである。

また，介護者による性別の相違については「女性は一途で当然，自分ですべて（行う）」という面があるが，「男性はさっぱり，冷静に，ドライに」という特徴が述べられた（事例5）。さらに，在宅介護では介護自体は行えるが，施設（サービス）のように季節ごとの行事などまでは無理であるとの声もあり（事例5），介護で精一杯で日常生活の変化をつけることが難しいようである。

今回の被介護者はすべて何らかの介護サービスを利用している（嫌がる場合もあるが）ため，介護者は「介護はサービスに助けられているので大丈夫だが，息抜きをしたい」（事例7）という声もあり，負担軽減やリフレッシュのためのサービス利用に関してはあまり抵抗がないように見受けられた。

(5) サービス事業者や介護支援専門員との関係

介護支援専門員（ケアマネジャー）に対しては，「よく動いてくれている」（事例4），「うまくいっている」（事例2）という声がある一方で，「以前のケアマネジャーは年に1回来ただけで，知らない間に要介護認定の期限が切れていた」（事例2）という内容もあった。また，「以前のケアマネジャーはよかったが，小規模多機能型居宅介護サービスを利用することになってケアマネジャーを変更せざる得なくなった」という制度改正による問題もあがった（事例3）。

そして，これまで福祉サービス利用者は，今後のサービス利用への影響を恐れて苦情や要望を伝えにくいと考えられていたが，「文句を言えない人が多いが我慢したら損」（事例5），「今となってはだいぶ良くなったが，はっきり物申すことが大切」（事例7）というような利用者意識の変化もうかがえた。

一方で，サービス提供者との関係については，「専門職は介護者の気持ち

は聞くけど，自分たち（専門職）の気持ちを言わないので，信頼関係を作りにくい，本当の意味で信頼関係を築くためにはどうしたらよいのか」という，被介護者をともに支える体制の作り方に困惑する介護者もいた（事例5）。さらに，「（被介護者は）握っても内出血になるのであざができ，（それを見つけたサービス提供者に）虐待と書かれ，なかなか広く全体をみてくれる人がいない」といった，介護者の切実な実情も語られた（事例5）。

(6) 介護で困ったこと

まず，被介護者に対する介護やサービス利用の拒否である。例えば，被介護者がおむつを嫌がる（事例4），入浴を嫌う（事例1・6），といった介護の障害になる被介護者の行動があげられる。またデイサービス，ショートステイに行きたくない（事例1）といったサービス利用の拒否もあった。認知症被介護者では，家に戻れない（事例5），買い物を見境なく行う（事例1・5），昼夜逆転により夜中に動き回る，お金を盗まれたと騒ぐ（事例5），言ってることが食い違う（事例1），といった内容があった。これらの被介護者の言動により，介護者は大きな介護負担を抱えているようである。また，自営業の場合は，被介護者が何かその仕事を手伝いたいという欲望があるため何かさせてあげたいが，仕事を手伝うのは難しくできる仕事がないという事例もあった（事例6）。

また，褥瘡の処置が大変（事例5），食事を作る・食事介助が大変（事例7），といった介護技術や家事の問題があげられた。主たる介護者が男性であったとしても，介護者に配偶者がいる場合は食事の準備など問題ない場合もあるが，高齢者世帯の場合は台所仕事自体が精神的に苦痛であるようだ。一方で，介護者と被介護者に世代の開きがある場合は，生活習慣の違い，例えば食べ物の好みなど，細かい点が気になるときもあるとのことであった。

そして，事例5では，介護に対する知識が少なく床ずれなど知らなかったため対処が遅れた，介護保険やサービス，介護用品（おむつやエアマット）の

存在を知らなかったという声が聞かれた。また,「散歩に行っている間にデイサービスを知っていて通わせていたら寝たきりにならなかったのではないか」という思いも語られていた。

(7) 介護と余暇時間

　介護を続けていくためには,うまく気分転換をすることが大切だとの声が多く,「ショートステイを利用し旅行やゴルフに出かける」「デパートへ出かける」(事例4)といったことでリフレッシュしている介護者もいた。そして,男性家族介護者の有職者は,仕事上のストレスと介護のストレスの両方を抱えることがあり,事例1の介護者は趣味によってストレスを発散しているとのことだった。一方で,「これまでは海外へ出かけることも多かったが,介護が必要になってからどこにも行けない,趣味のテニスもできない」といった状況もみられる(事例3)。また,「介護には(費用面・精神面の)ゆとりが必要」(事例3・7)とも述べられていた。

(8) 介護の負担感

　まず,介護者の体力的な問題があげられた。例えば,夜に1～3時間おきにトイレ介助を行う(事例4),被介護者が暴れるため介護に力がいる(事例5),腰が痛い・足がしびれる(事例7)といったことによる。あわせて,介護者自身の体調が悪化し,介護負担が大きくなった介護者もいた(事例3)。また先にも述べたが,「お風呂や頭を洗うことは大変だと思ったことはないが,台所仕事が大変で精神的苦痛」(事例7)といった声も聞かれ,身体介護よりも家事で精神的に負担がかかっている介護者もいた。

　また,「現在の状態のままであれば大丈夫であるが今後将来が不安である」(事例3),「年とともに精神的に負担が増している」(事例7)といった将来に対する不安の声も聞かれた。特に,認知症の被介護者の場合は,会話が成り立たない・できないことから,意思疎通ができず介護者が疲れたりさみし

く思うこともあり，介護の負担感として重くのしかかっているようである（事例7）。

(9) 介護保険制度について

　介護保険制度に関しては，まず，制度全体の仕組みがよくわからない（事例6）という声があった。サービスについては，予防の制度がなかった（事例5），入所施設を増やしてほしい（事例6）といった声が聞かれた。また，軽度者では遠方に外出したい（桜を見に連れて行ってあげたい）が車いすがレンタルできない（事例2）という課題もあった。費用に関しては，「お金がかかる，年金では厳しいのでケアプランなどを自分でたてて減らそうと考えている」（事例5）との声もあった。また，いい人材を確保するために入所施設の職員の労働条件をよくしてあげたい（事例4）という声も聞かれた。

4　男性家族介護者の介護実態とその課題

　これまで男性家族介護者の介護実態に焦点をあて，その糸口を探るため先行研究成果の再整理を行ったうえで，男性家族介護者に対する独自のインタビュー調査からその置かれている状況を明らかにした。そこで，男性家族介護者の介護実態とその課題について以下に整理しておこう。
　第一は，男性家族介護者における介護の特徴として，介護の担い方があげられる。女性が介護者の場合は，被介護者の妻や娘として介護サービスを利用しながら一人で介護を担う場合が多いと思われる。一方，男性家族介護者の場合，親子間介護では子ども（男性）が身体介護やサービスの申込みなどを行い，介護者や被介護者の妻が家事援助を行うといった協力体制がみられる。そのため，男性家族介護者は炊事や洗濯といった家事は行わなくてよいか，または軽減される。しかし，配偶者間介護では夫婦のみの世帯が多く，介護者（夫）が介護だけでなく家事も行わなければならない。奥山［1996］

にもあるように，慣れない家事労働は介護者に非常に大きな負担であり，インタビュー調査からも「入浴などは大変だと思ったことはないが，台所仕事が苦痛」という声があった。津止・斉藤［2007］の全国調査においても，「炊事・掃除を苦手とする場合が多い」という結果が示されている。

性別役割意識の強い介護者（夫）であれば，家事が苦手であったり，苦手ではなくても精神的な苦痛を伴う場合がある。そのため，介護負担を減らすためにも被介護者だけでなく介護者を含めた家事援助の支援も必要ではないだろうか。ただし，介護者も含めた家事援助について，介護保険制度上またそれ以外の制度でどのように扱い支援する体制を作るかは今後の検討が必要であり，論点として認識されるべきである。また，特異な例にあたるかもしれないが，今回は介護者が孫の事例もあった。この事例では，年齢や個人差もあるが家事の問題は出てこなかった。しかし，世代間による日常生活の時間や食事内容の違いが語られ，配偶者間介護や親子間介護とは違った側面をもつと考えられる。

さらに，有職者の場合は，自営業や在宅就労であれば仕事と介護の両立は可能であるようだが，被用者であれば仕事の時間が比較的自由でゆとりがあり，またサービス利用や他の家族との協力体制が確保されたもとでなければ両立は難しいようである。

第二は，男性家族介護者が行う介護に関してである。まず，インタビュー調査から導き出されたことは，自らの介護に対して方針をもっている，または明確ではないがある一定の考えをもつ介護者がいることである。インタビューで聞いた言葉は，「介護の方針をもつこと」であった。このような方針や考えをもつ介護者は，もともと福祉に対する知識がある，また知識を深めるために資格を取ったといった者だけでなく，長期間介護を手探りで行ってきた者からの声でもあった。これは，先行研究結果とも大きく関係している。

例えば，Harris［1993］における介護者の四つのタイプのうち，「仕事人」タイプでは「新しい介護役割を仕事役割に続くものとして位置づけて志向」

しており,仕事の視点から介護を遂行しているという側面が述べられている。また,奥山［1996］によれば,男性の介護の進め方に「性別役割分業社会においては,社会に出て働くのは,主に男性であり,資本主義社会における有償労働の中では,つねに能率性,経済性,正確性が追求されること」が影響しているのではないかと考え,「男性介護者の多くは,介護の仕事の仕方が合理的である」といったように女性とは違った側面もあると述べている。今後もこの点については検討を要するが,男性家族介護者は,仕事と同じように介護においてもその方針をもち,意識的または無意識に仕事を遂行するように合理的に行う傾向があることも認識しておく必要があろう。

　第三は,介護に対する負担感の問題である。男女とも介護に対する負担は重いと思うが,男性の特性を配慮した支援も検討が必要であろう。介護に対する負担についてまとめてみると,まず,体力的な問題があげられる。介護者が男性であっても「老老介護」から被介護者の高齢化とともに介護者の高齢化も進み,介護にかかる体力的な負担が重くなる状況である。あわせて,介護者に健康上の問題がある,介護中に体調が悪化することもある。また,介護者が子どもであっても,被介護者が暴れる,また力が強いといったことから体力面で非常に負担を強いられることもある。

　もう一つは,精神的な負担である。介護者の体力の問題とも関係するが,この介護体制が将来どこまで維持することが可能なのか,これ以上介護が重くなった場合にどうするか,といった将来に対する不安がまずあげられた。もともと介護は体力のいる仕事であり,介護者も自らの体力がどこまでもつのかという不安もあるといえよう。そして,介護者と被介護者の関係では,意思疎通ができないといったことから寂しさを感じる場合があった。これらは,先行研究で示された「むなしさ,つらさを感じる」（津止・斉藤［2007］),「情緒面で強い疲れを感じている」（一瀬［2001, 2004］）といった状況とも一致し,このような負担は介護をより一層過酷な状況に追い込む一因になるであろう。

このように，体力的にも精神的にも過重な負担がかかる介護において，その負担を軽減する方策が必要である。しかし，先行研究及びインタビュー調査からも示されているように，男性家族介護者の介護においては，介護によって社会的なつながりを喪失し社会関係が縮小傾向にある（Harris［1993］，津止・斉藤［2007］，奥山［1996］），二人暮らしの男性介護者の約半分は家族からのサポートがほとんどない（津止・斉藤［2007］），子どもたちの援助を期待していない（Harris［1993］）といったことが指摘されており，家族や地域からの支援を受けない（一瀬［2001，2004］），受けられない状況へと陥りがちである。

　そこで，介護の負担感を軽減するための方法として，まず上手な余暇時間の活用があげられる。インタビュー調査でも多くの介護者からうまく気分転換することが大切であるという声があり，福祉サービスを上手に利用し，趣味や旅行でリフレッシュすることを心がけていることが特徴であった。また，介護者は有職者の場合もあり，仕事上のストレスと介護のストレスをうまく発散することが長続きするコツともいえよう。さらに，調査では，同じ男性家族介護者同士が語りあえる場所を求めているケースもあり，これはHarris［1993］の研究結果を支持するものである。どうしても社会との関係が希薄になりがちな男性家族介護者であるが，調査では家族の会へ参加している介護者においては，他の介護者よりも同じ仲間で語り合うことの意義を評価する意見も聞かれ，精神的な安定を保つために大きな役割を果たしているようであった。しかし，やはり介護はその多くが女性によって担われており，会においても男性が非常に少ない状況である[11]。そのため，「男として愚痴をいうのは情けない」という感情にとらわれ，そのストレスを誰かに聞いてもらいたいという気持ちがあってもなかなか声に出すことができない。このような状況を打破すべく，男性家族介護者が女性の目を気にすることなく愚痴などを言い合える場所を作り出すことも必要であろう。

　第四に，これは性別問わず介護者全体に関わる問題であるが，まず，介護

保険制度の知識や介護場面での問題である。インタビュー調査では，介護保険制度の仕組みがわからない，褥瘡を知らなかったため処置が遅れた，おむつやエアマットなどの介護用品を知らなかった，という介護者も数名いた。これまで家事や介護・育児に携わる機会が少なかった男性であれば，介護に必要な知識や技術また便利な介護用品について，その存在自体を知らないことも考えられる。「もっと早くサービスを利用していたらここまで悪化しなかったのではないか」といった後悔の思いを口にする介護者もおり，介護の知識や技術の大切さを感じていた。

　今回の対象者は，ケアマネジャーとの関係が良好で，介護者自身の声をケアマネジャーに伝えているようでもあった。そのような状況であっても，ホームヘルパーやデイサービス・デイケアの介護労働者に対して，被介護者や介護者からその技術や対応に疑問の声もあった。また，苦情に関しても，その後のサービス利用に関係するため躊躇する部分もあるようだが，苦情を伝えることの大切さを実感しているようであった。しかし，このように意識の高い，また知識の豊富な介護者ばかりではなく，複雑な仕組みで運営される介護保険制度に困惑している介護者も多くいる。また，介護保険制度ではサービスを利用する際にも原則として1割の利用者負担が必要であり，その介護者・被介護者の経済状況によっても介護サービスをどの程度受けられるかは異なってくる。

　インタビュー調査では，介護は時間と費用にゆとりが必要という声が結構あった。まさにこれは，在宅介護を選択するかどうかのポイントになるであろう。そのため，被介護者だけでなく介護者を支援する視点もケアマネジャーには非常に重要であり，在宅介護を長期間無理なく続けていくバックアップ体制を保障する必要があろう。そして，引き続き今後も制度の周知徹底と理解を深めるような対策をとることが重要であることはいうまでもない。

補論2　男性家族介護者の介護実態とその課題

［付記］インタビュー調査をお引き受けくださった男性家族介護者のみなさま，また，インタビュー対象者をご紹介くださった社会福祉協議会やサービス事業者のみなさま，心からお礼申し上げたい。
　　また，この研究は，2007年度大阪経済大学共同研究費の助成を受けて行ったものである。

1) 詳しくは，総務省統計局「統計からみた我が国の高齢者―『敬老の日』にちなんで―」2007年9月16日（http://www.stat.go.jp/data/topics/topi240.htm）を参照のこと。
2) 厚生労働省「平成16年国民生活基礎調査の概況」
   （http://www.mhlw.go.jp/toukei/saikin/hw/k-tyosa/k-tyosa04/1-2.html）より引用。
3) 厚生労働省監修［2006：141］より引用。
4) 津止・斉藤［2007：17］においても，男性介護者が登場した背景として，①家族構成の劇的な変容（戦後の高度経済成長によってもたらされた大家族制から核家族への移行），②ジェンダー規範の揺らぎ（女性の社会参加と地位向上の進展など性別役割分業を当然視するかのようなイデオロギーへの批判や男女雇用機会均等法など具体的政策の登場）の二点をあげている。また，一瀬［2004：75］では「都市近郊型の地域における高齢者のみ世帯の増加は，配偶者間介護が行われる可能性が高まることにつながる」と述べている。
5) 本稿では，職業として介護を行っている男性の介護労働者を区別するため，男性が家族の介護を行っている場合を指すものとして「男性家族介護者」という言葉を使用するが，先行研究等では「男性介護者」という言葉で表されていることもある。
6) 本稿では，男性の介護者（介護労働者など）に関する先行研究は他にもあるが，今回は男性家族介護者に焦点をあてているため，それに関するものに絞った。
7) この調査対象者は，60歳以上の高齢男性介護者に限定されているということも「性別役割分業意識の強い社会背景が男性介護者の家庭に大きく影響していると考える」背景と関わっているのではないだろうか。
8) 「痴呆性」は現在「認知症」と呼ばれているが，ここでは該当論文の記述どおりに記載している。
9) 介護支援専門員や社会福祉協議会の方にお願いし，在宅の男性家族介護者で成功している方を中心に紹介いただいた。また，インタビュー時に，被介護者が死亡している事例も含む（事例5）。
10) 今回の事例のように，高齢者世帯である，また同居している子どもが就業しているという状況であれば，配偶者である夫のすべてが介護を引き受けるというわけではないということは理解している。介護を行うかどうかについては，その要介護者や介護者の意思も強く関係するであろう。それは，介護者が子どもの場合も同様である。
11) この会以外の介護者家族の会においても，男性介護者の参加をどう促すかという声がよく聞かれる。

【参考文献】

一瀬貴子「在宅痴呆症高齢者に対する老老介護の実態とその問題―高齢者男性介護者の介護実態に着目して―」『家政学研究』Vol.48, No.1, 2001年10月。
―――――『『介護の意味』意識からみた, 高齢配偶介護者の介護特性―高齢男性介護者と高齢女性介護者との比較―」『関西福祉大学研究紀要』7号, 2004年3月。
奥山則子「性別役割からみた高齢者男性介護者の介護」『社会学研究科論集』No.3, 立教大学社会学部研究室編, 1996年3月。
厚生労働省監修『平成18年版厚生労働白書』ぎょうせい, 2006年。
斉藤真緒「『男性介護者全国調査』報告」男性介護研究会, 2007年1月19日 (www.jhca.coop/topics/pdf/070131_01.pdf)。
津止正敏・斉藤真緒『男性介護者白書―家族介護者支援への提言―』かもがわ出版, 2007年。
林葉子「有配偶者男性介護者による介護役割受け入れのプロセス―グラウンディド・セオリー・アプローチを用いて―」『家族研究年報』No.28, 2003年。
藤崎宏子「現代家族とケア―性別・世代の視点から―」『社会福祉研究』88号, 2003年。
Harris,P.B. (1993) 'The Misunderstood Geregiver? A Qualitative Study of the Male Caregiver of Alzheimer's Disease Victims', *Gerontologist*,33, 4. (海野由美子「アルツハイマー病患者の男性介護者における質的研究」『社会福祉学』19号, 1995年。)

あ と が き

　本書『現代日本の介護保険改革』は，私の博士論文「高齢者介護保障政策と介護保険」をもとに，その後の論稿を加えて再構成したものである。これまでのわが国の社会政策は，主に労働過程の分析が中心であったが，1970年以降社会政策の範囲が拡大していくにつれ，本書の対象である介護や育児など，「生活」という視点から分析を必要とする課題もそのなかに含まれるようになりつつある。そこで，本書の目的は，少子高齢社会のわが国における新しい介護保障システムのあり方を考えるにあたって，高齢者介護保障政策を社会政策の重要な一部分として位置づけ，これまでの措置制度に代わって導入された介護保険制度の本質を追究するものである。

　本書でも指摘したように，21世紀とともにスタートした介護保険制度は，わが国の社会福祉に対する意識を大きく転換させるものである。しかし，このような大転換に位置する介護保険制度は，その詳細な内容が制度導入間際までベールに包まれ，保険者である市町村の担当者でさえ，その制度を理解するには非常に労力を必要とするものであった。そのため，被保険者である高齢者やその家族にとっては，非常に複雑で難解な制度であったに違いない。実際，私が家族の一員として祖母の介護に関わったとき，多くの専門職の知恵を借りても制度をどのように利用するか，新しい人々との関係をどのように築くかなど，非常に悩むことが多くあった。もし祖父母二人暮らしであれば，とうてい在宅生活は不可能だったと思う。

　また，昨年の夏に姪が生まれ妹とともに里帰りしてきたが，姪の可愛さ以上に育児は端からみるだけでも非常に大変であった。しかし，大人ばかりの家族のなかにかわいい赤ちゃんが登場したことは，私の父母，祖父母にとって非常に嬉しいことであり，生活にもハリがでたように思う。特に，家の中

で過ごすことが多い祖父母には，楽しみの一つであるようだった。子守りをしてほほえむ祖父や，介護が必要である祖母が姪の手をなでたり，その泣き声を聞いただけで心配するといった状況をみて，本当に子どもの存在は素晴らしいものだと改めて実感する日々であった。近年は，子どもや高齢者の虐待に関する痛ましい報道が数多くなされるなかで，ケアを必要とする人々，そしてその家族や環境に対する支援は，私たちにとって非常に重要なものであるといえよう。ケアには，育児のように子どもの成長を楽しみに見守るものもあれば，高齢者介護のようにその機能低下を少しでも遅らせよう，防ごうとするケアもある。育児に比べて，とかく暗く考えがちな高齢者介護がどうすればもっと希望のもてる方向へと進むことができるのか，姪の誕生を経験して改めて思うようになった。

　このような背景のもと，これまで続けたきた介護保険制度研究をようやくまとめることができたが，今回本書に収録するにあたり，必要な限り加筆・修正を行った。

　さて，私が現在まで研究を続けてこられたのは，実に多くの諸先生方からご指導を受けることができたからである。そのなかでも，私が今こうして研究を行い本書の出版にまで至ることができたのは，ひとえに玉井金五先生（大阪市立大学大学院教授）のおかげである。先生には，私の研究テーマだけでなく，研究とは何か，学ぶこととは何かについて熱心にご教授していただいた。特に，私が大学院生時代は，常にご多忙のなか，いつも多くの指導時間を割いてくださり，私には周りの院生から羨望のまなざしが集まったことを覚えている。本当に，先生のような指導教官を得られたことを心から嬉しく思った。そして，先生からのご指導のおかげで，私の社会政策研究の土台が形づけられたことに感謝している。また，先生は何事に対しても常に私の悩みにも真剣に向き合ってくれた。大学院生時代に介護保険制度が実施されることになり，私に介護認定審査会の委員をしてみないかというお話があったときもそうであった。当時の私は専門学校で非常勤講師はしていたものの，

あとがき

　当然，知識も経験も不十分でお引き受けしていいものかどうか返答に悩み，急いで先生に電話をかけ相談してみた。そのときの私は，本当にどうしていいかわからず，パニックになっていたと思う。すると，先生は突然の電話にもいつものように優しく対応してくださり，今からどうしたら一番よいのか検討するので，再度電話をかけてくるよう指示を出された。しばらくしてお電話すると，先生はいろいろな側面から検討し多くのアドバイスをしてくださった。これはほんのひとつの例に過ぎないが，先生の優しいお人柄，そして学生に対する指導のあり方を伝えるには十分であろう。いつも先生は，私が悩みくじけそうになっても，常に励ましあたたかい目で見守ってくださっている。そして，先生は私の尊敬する最大の教育者であり，最大の研究者なのである。先生のきめ細やかな指導は，私が奉職し自身が指導する立場となった今，私の教育者としての指針となっている。また，私が研究生活を送るうえで，研究者としての姿勢を常に示してくれている。先生のように，何事にも真剣にそして先々のことを見越してまでの指導や研究は，今の私にはまだ力量不足であるが，このような手本となる恩師を得ることをできたことが，私の人生で最大の宝であったことだけは間違いない。いつもはお礼を申し上げることもせずご迷惑ばかりかけているが，この場を借りて，心からお礼を申し上げたい。

　ところで，研究を進めるにあたって，転機となった時期がいくつかある。これもあわせてふれておきたい。ひとつは，初めて大学の専任講師として職を得た松山東雲女子大学での4年間である。ここでは，教員としてのあり方，そして研究者としてのあり方を身をもって学ばせていただいた。そして，先輩の先生方にも恵まれ，人間的にも成長し充実した日々であった。特に，旧人間文化学科の先生方には公私ともに非常にお世話になった。私の年齢が若かったこともあって学生とともに本当にかわいがってくださり，松山は私の第二の故郷であるといっても過言ではない。なかでも，曲田志保子先生（松山東雲女子大学教授）には，公私にわたりお世話になった。何をするにも初め

ての私を先生は一からすべてご教授くださり，私の研究に対してもいつも応援してくださった。本当に感謝に尽きない。また，先生のご紹介で愛媛県社会福祉協議会，松山市社会福祉協議会をはじめ，実践現場で活躍される多くの方々と出会うことができ，そのことによって介護現場の今を知ることができた。すべての方々のお名前をあげることはできないが，私が大学を異動してからも私の研究に惜しみない協力してくださっている。あわせて，ここでお礼を申し上げたい。またこの4年間は本当に学生とともに過ごした日々であった。ゼミ生はもちろんのこと，社会福祉を学ぶ学生たちとともに勉学に打ち込み，大切な時間を共有したことは今でも素晴らしい思い出である。今は皆それぞれの道を歩み，時にはその状況を伝えてくれる。本当に私を成長させてくれた学生たちであった。そして，松山では大切な友人もできた。特に今回の介護支援専門員に対するアンケート調査では，介護支援専門員である宇都宮理子さん（特別養護老人ホーム権現荘）にご協力いただいた。彼女は，介護保険制度の複雑な仕組み，そして現在の介護支援専門員が置かれている状況について，いつも私の疑問に的確に答えてくれた。彼女は私にとってかけがえのない友人であり，ともにそれぞれの立場でこれからの高齢者介護を担っていく仲間となった。彼女のアドバイスとあたたかい応援は何よりもかえがたいものである。心より感謝したい。

　そして，もうひとつは，現在の勤務先である大阪経済大学でのこれまでである。ここでも，多くの先輩，そして同僚の先生方からのご指導をいただき，本当に充実した日々を過ごしている。社会政策学会員である櫻井幸男先生（大阪経済大学教授）や現経済学部長である德永光俊先生（同大学教授）などの先輩諸先生方からは，常にあたたかく見守られ，時には厳しく激励をいただいている。先生方はいつも私が良い方向へと進むように配慮して下さり，本当に嬉しい限りである。また，同学たちからはいつも励まされ，応援してもらっている。そして，高齢者介護をともに研究するメンバー，藤澤宏樹先生（大阪経済大学准教授），桑原武志先生（同大学准教授），橋本理先生（関西大学准教授）

あとがき

にも恵まれた。彼らのとともに，法学，社会学，経営学の視点も踏まえながら2005年介護保険制度改正を学ぶことによって，さらに広い視野をもって高齢者介護保障政策を考えることができるようになった。このような，私を支えてくださる先学・同学に対して心からお礼申し上げたい。そして，大阪経済大学という恵まれた環境で，今後も研究，教育に一生懸命取り組んでいきたいと思っている。

なお，ここまで研究を続けてこれたのには，さらに多くの先学・同学のおかげである。大学院時代にお世話になった坂口正之先生（元大阪市立大学大学院教授，現・大阪商業大学教授），服部良子先生（大阪市立大学大学院准教授），また研究助成などの支援でお世話になった高濱悠紀さん（大阪経済大学学務課）など，数多くの方々のおかげで今ここに私がいるのだと実感している。ここで，私のために多くのご指導，ご協力をくださった方々にお礼申し上げたい。

そして，未熟な私とともに学び，協力してくれるゼミ生たちにも心から感謝したい。特にアンケート発送や集計では，非常に多くのゼミ生たちが私を支えてくれた。私の不手際が続くなかで大量のアンケート発送作業は困難を極めたが，何日にもわたり協力してくれた人，バイトや部活動が終わってから駆けつけてくれた人，心配して電話してくれた人，など本当に多くのゼミ生によって，私は本書を完成させることができた。特に，最後の最後まで私の体調を気遣いながら協力してくれた青井弓子さん，高橋治奈さん，長島茉莉さん，廣畑和希君には本当に感謝している。あわせてお礼お礼を申し上げたい。

また，本書の出版を快諾してくださった法律文化社代表取締役・田靡純子氏，ならびにすべてにわたってご尽力くださった浜上知子氏には厚くお礼申し上げたい。

最後になるが，本書を大阪経済大学に奉職したときから公私にわたり私を育ててくださった故土井乙平先生（大阪経済大学教授）の霊前に捧げさせていただきたい。先生は，私が路頭に迷わないよう常に道を照らしてくださって

いた。先生がお亡くなりになってからのこの1年は，とても短くそしてまたとても長く感じた時間であった。本書の出版によって，いつも私を応援してくださっていた先生を少しでも安心さることができればと願っている。

　そして，私をこれまで育ててくれた父母，いつも変わらずかわいがってくれる祖父母・叔母，いつも支えてくれる妹に感謝し，また生まれたばかりの最愛の姪の成長を願って，筆をおきたい。

　本書は，大阪経済大学経済学会の出版助成を受けて刊行されるものである。

　2008年2月

森　詩　恵

【初出一覧】

序　章　博士論文『高齢者介護保障政策と介護保険』「序章」書き下ろし
第1章　玉井金五・久本憲夫編著『高度成長のなかの社会政策―日本における労働家族システムの誕生―』ミネルヴァ書房，2004年，第2章
第2章　博士論文「第2章」書き下ろし
第3章　「介護保険制度における保険給付額の基本問題―介護サービスのナショナル・ミニマムを求めて―」(『経済学雑誌』第101巻4号，2001年)
第4章　社会政策学会誌第9号『雇用関係の変貌』法律文化社，2003年
第5章　『大阪経大論集』第58巻第6号，2008年
補論1　書き下ろし
補論2　『大阪経大論集』第58巻第7号，2008年

索　引

あ　行

一般所得階層　5, 20
運動器の機能向上　124
エンパワメント　8, 90, 97, 123
応益負担　52, 105
応能負担　49, 52, 105

か　行

介　護
　──給付　122
　──の社会化　6, 12, 47, 137, 163
　──の負担感　175
介護サービス情報の公表　120
介護支援専門員　11, 120, 173
　──の勤務上の悩み　157
　──の資質・専門性の向上　138
　──の職務内容　156
　──の中立性・公平性　138, 156
介護人派遣事業　30
介護対策検討委員会報告　46
介護報酬　7, 8, 52, 81, 96, 98, 117, 129, 137
介護保険
　──構想　38, 47
　──制度　1, 37
　──制度の本質　8
　──法　6, 55, 63, 163
介護予防　111, 122
　──事業　113
　──・地域支え合い事業　122
　──一般高齢者施策　114
　──特定高齢者施策　114
　──訪問介護　112
介護予防ケアマネジメント　120, 154
　──事業　114, 115
核家族化　15

家族介護の限界　45
逆選択　51
キャンベル　26
旧生活保護法　17
救　貧　21
　──制度　5, 20
　──的　4
給付の効率化・重点化　9, 106, 122
居宅介護支援事業所　12, 140
ケアプラン　92
ケアマネジメント　11, 92, 96, 120, 137
経済白書　17
軽度者のサービス利用抑制　124
軽費老人ホーム　22, 24
契約方式　6, 48, 63, 81, 128
健康診査　24, 43
権利擁護事業　114, 115, 124
高額介護サービス費　80
後期高齢者医療制度　132
厚生省政策ビジョン研究会　46
厚生白書　17
公的扶助　21
高度成長　15
高齢化　16, 17
　──率　5, 163
高齢者
　──虐待　125
　──人口　163
　──世帯　13, 15, 18, 163
　──の自立支援　2, 8, 89, 91, 93, 106, 109, 137
　──の生活問題　15
高齢者介護　1, 26
　──保障政策　1, 38
高齢者介護・自立支援システム研究会　47, 70

190

索　引

国際ソーシャルワーカー連盟　89
国民皆年金　4, 18
国民皆保険　4, 24
国民生活審議会綜合政策部会政策委員会
　　45
国民生活審議会調査部会コミュニティ問題
　　小委員会　28
国民生活審議会調査部会老人問題小委員会
　　25
国民年金　26
　　——制度　19
コミュニティ　40
コミュニティ・ケア　28

さ　行

サービス
　　——選択　128
　　——の質　52
　　——の質の確保・向上　108, 119
　　在宅——　28-30
財政安定化基金　121
在宅福祉　27
　　——の三本柱　24
在宅老人機能回復訓練事業　30
シーボーム報告　28
支給限度基準額　7, 53, 66, 127, 155
事業者規制の見直し　119
市場原理　12
施設給付の見直し　108, 116
施設サービス　28, 29
市町村特別給付　77
児童福祉法　17
社会政策　1
社会的入院　42, 44
社会福祉士　115
社会福祉事業法　17
社会福祉政策　16, 21, 37
社会福祉ニーズ　28
社会保険　21
　　——方式　6, 38, 46, 48, 65, 98, 105

社会保障構造改革　6, 37, 48, 91
社会保障審議会介護保険部会　106, 107
社会保障制度審議会　16, 20, 42
　　——社会保障将来像委員会　47
社会保障長期計画懇談会報告書　42
主任ケアマネジャー　115
障害者自立支援法　132
小規模多機能型居宅介護　118
所得調査　49
人口白書　18
身体障害者福祉法　17
新予防給付　111, 122
心理的抵抗感　53
スティグマ　54
生　活　1
生活扶助　54
生活保護制度　4, 18
生活問題　26, 30
制度の持続可能性　9, 107, 122
成年後見制度　116
成年男性労働者　1
性別役割分業　164
全国社会福祉協議会　26, 46
潜在的ニーズの発掘と予防　8, 90
選　択　52, 78
選別主義　132
総合相談支援事業　114, 115
ソーシャルワーカー　127
ソーシャルワーク　8, 89, 123, 137
措置制度　1, 6, 38, 47, 48, 65, 77, 89, 105
尊厳の保持　109

た　行

単身世帯　13, 163
男性介護者全国調査　168
男性家族介護者　12, 164
単独世帯　163
地域支援事業　111, 122
地域福祉　5, 39, 40, 55, 56
地域包括ケア　115

191

──システム　114
地域包括支援センター　114, 154
地域密着型介護老人福祉施設入所者生活介
　　護　118
地域密着型サービス　116, 118
地域密着型特定施設入所者生活介護
　　118
知的障害者福祉法　20
中央社会福祉審議会　28, 29, 41
長寿社会対策大綱　45
通所型介護予防事業　114
低所得階層　5, 18, 20, 21
東京都社会福祉協議会　26, 28
特定高齢者把握事業　114
特別徴収　121
特別養護老人ホーム　23, 24
特例許可外老人病院　43, 44, 56

な　行

21世紀福祉ビジョン　47
ナショナル・ミニマム　7, 66, 78
2005年改正　137
日常生活
　　──の維持・自立支援　90
　　──の個人差　8, 90, 95
　　──用具給付事業　30
日常生活動作（ADL）　76
日本型福祉社会　6, 40, 41
認知症対応型共同生活介護　118
認知症対応型通所介護　118
寝たきり
　　──実態調査　26
　　──老人　26
　　──老人特殊寝台貸与事業　30

は　行

配食サービス　80
廃用症候群　112
非営利組織　77, 78
標準担当件数の引き下げ　120, 138

貧困階層　20
福祉元年　37
福祉三法　4, 16
　　──体制　17
福祉見直し論　2, 37, 40, 56, 91
福祉六法　20
負担の在り方・制度運営の見直し　108,
　　120
普遍化　133
包括的・継続的ケアマネジメント支援事業
　　114, 116
包括的支援事業　113
防貧　21
　　──制度　5
　　──的　4
訪問型介護予防事業　114
保健師　115
保険者機能強化　121
保健福祉事業　77
母子及び寡婦福祉法　20
母子世帯　18
ボランティア　77, 78

ま　行

三浦文夫　21

や　行

夜間対応型訪問介護　118
要介護
　　──者　122
　　──状態　7, 67, 69, 70
　　──状態区分　67, 69
　　──度　7, 80
　　──認定　50, 66, 76, 93, 95
　　──認定者数　109
養護老人ホーム　23
要支援
　　──者　122
　　──状態　67
要保護層　5, 22

養老施設　19
予防重視型システム　110
　——への転換　108

ら　行

利用者負担　52
　——の軽減　80
利用者本位のサービス　6, 48
　——提供　93
　——利用　137
臨時行政改革推進審議会　42
老人医療　5, 28
　——費　6, 42, 56
　——支給制度　4, 6, 31, 37, 39, 42, 55, 56, 91
　——の無料化　31

老人家庭奉仕員制度　22, 24
老人クラブ　25
老人電話相談センター　30
老人の医療　30
老人福祉　16
　——施策　16, 43
　——センター　22, 25
老人福祉法　4, 16, 20, 23, 25, 26, 132
老人保健
　——事業　130
　——施設　44, 56
老人保健医療問題懇談会　43
老人保健福祉審議会　47
老人保健法　6, 37, 39, 43, 45
62年勧告　20, 21

■著者紹介

森　詩恵（もりうたえ）
- 1972年　大阪府生まれ
- 1996年　大阪市立大学生活科学部人間福祉学科卒業
- 1999年　大阪市立大学大学院経済学研究科後期博士課程入学
- 2001年　松山東雲女子大学人文学部専任講師
- 2004年　大阪市立大学大学院経済学研究科後期博士課程修了
  　　　　大阪市立大学博士（経済学）
- 2005年　大阪経済大学経済学部専任講師
- 2008年　同上准教授
  　　　　現在に至る

専　攻　社会政策，社会保障
主　著
『新地域政策のすすめ』（共編）法律文化社，2006年
『高度成長のなかの社会政策―日本における労働家族システムの誕生―』
　（分担執筆）ミネルヴァ書房，2004年

大阪経済大学研究叢書第60冊
現代日本の介護保険改革

2008年4月10日　初版第1刷発行

著　者｜森　　詩　恵
発行者｜秋　山　　　泰
発行所｜株式会社 法律文化社
　　　　〒603-8053
　　　　京都市北区上賀茂岩ヶ垣内町71
　　　　TEL 075-791-7131／FAX 075-721-8400
　　　　URL:http://www.hou-bun.co.jp/

印　刷｜一進印刷㈱
製　本｜㈱兼文堂
装　幀｜仁井谷伴子

ISBN978-4-589-03083-2
Ⓒ2008 Utae Mori Printed in Japan

重森　曉・藤本髙志・森　詩恵編著	具体的事例やデータを素材に，経済・行政・福祉・環境・文化の視点から「地域政策」の特徴と意義，魅力をわかりやすく解説した体系書。市民一人ひとりが参加・学習し，共同で取り組む地域づくりの重要性を説く。
新地域政策のすすめ 四六判・218頁・2100円	
増田雅暢著 **介護保険見直しの争点** ―政策過程からみえる今後の課題― A5判・236頁・2310円	介護保険制度の政策形成過程の分析をふまえ，現行制度を概観し，今後の制度見直しにあたっての論点と対応策を提示する。また政策過程で議論となった介護手当問題については制度化への具体的施策を提言する。
佐藤　進著 **介護保険運営における自治体の課題** A5判・240頁・3150円	先駆的・特徴的な介護保険の実践を行ってきた7市町村の運営実態を実証的かつ多面的に分析し，直面している問題と今後の課題を浮き彫りにする。権利としての介護保障を求めて，筆者が足を運んで考察した法社会学的調査の成果。
佐藤　進・河野正輝編 **介　護　保　険　法** ―法案に対する新たな提案― A5判・312頁・3465円	安心できる老後保障の実現と，「権利」としての介護保障の確立をめざし，法案に対する新たな提案を行う。法案を検討するとともに，医療保険や老人保健との関連性を洗い直し，「あるべき介護法制」を考える。
秋元美世著 **福祉政策と権利保障** ―社会福祉学と法律学との接点― A5判・228頁・3360円	社会福祉政策においてともすれば無視される福祉の権利について，その構造と特質を英米の理論と日本の福祉政策に基づき論究する。権利か裁量かの二者択一的な従来の議論に対して新しい権利保障の枠組みを提示する。

――――法律文化社――――

表示価格は定価(税込価格)です